厦门文学艺术人物系列专辑

厦门市文学艺术界联合会 编

摄影艺术家

陈茂盛

中国文史出版社

图书在版编目（CIP）数据

摄影艺术家陈茂盛 / 厦门市文学艺术界联合会编
.-- 北京 : 中国文史出版社, 2023.10
（厦门文学艺术人物系列专辑）
ISBN 978-7-5205-4062-9

Ⅰ. ①摄… Ⅱ. ①厦… Ⅲ. ①陈茂盛一先进事迹
Ⅳ. ①K825.7

中国国家版本馆CIP数据核字(2023)第067723号

责任编辑：刘华夏
小传撰稿：陈元麟
封面摄影：陈伟凯

出版发行：**中国文史出版社**
社　　址：北京市海淀区西八里庄路69号院　　邮编:100142
电　　话：010－81136606　81136602　81136603　81136605（发行部）
传　　真：010－81136655
印　　装：厦门中天华成文化传媒有限公司
经　　销：全国新华书店
开　　本：787mm×1092mm　1/16
印　　张：12.25
字　　数：148 千字
版　　次：2024年1月北京第1版
印　　次：2024年1月第1次印刷
定　　价：90.00元

《厦门文学艺术人物系列专辑》编委会

《摄影艺术家　陈茂盛》编委会

总序

素有“海上花园”称誉的厦门四季如春，人文荟萃。

新中国成立以来，尤其是建设经济特区以来，厦门市委、市政府一手抓经济建设，一手抓文化建设，全市文艺事业生机勃勃、硕果累累，文学、戏剧、电影、电视、音乐、舞蹈、美术、摄影、书法、曲艺及民间文艺等领域，呈现出繁花似锦、姹紫嫣红的生动局面，涌现出许多优秀作家、艺术家。这些文艺界代表人物对厦门的文艺事业做出过积极贡献，产生过积极影响，为厦门文化建设注入了丰富的内涵，是不可多得的文化资源和精神财富。

为了进一步贯彻落实党的文艺方针政策，传承与发展厦门市文艺事业，推动厦门文化大发展大繁荣，厦门市文联决定编辑出版《厦门文学艺术人物系列专辑》，以音像和图文记录的方式，生动再现厦门文艺界代表人物的亮丽风采，总结他们毕生从事文艺创作的宝贵经验。

我们希望，这套系列专辑的出版发行，能让更多的人近距离、多视角地了解厦门文艺事业的发展，更亲切地感受厦门文艺界人物的无私奉献和辛勤努力。

我们相信，先人匠心独运的艺术创造将成为后人的精神资源，前辈攀登的高峰将成为后辈接力前行的起点。

江山代有才人出，我们正经历着一个伟大的时代，而伟大的时代又必然催生伟大的文学艺术作品和优秀的作家、艺术家。一切有理想有抱负的文艺工作者，都要担起时代赋予的神圣使命，更加自觉、更加主动地追求德艺双馨，更好地履行人类灵魂工程师的神圣职责，积极投身于高质量的厦门建设，努力创作出无愧于我们这个朝气蓬勃时代的精品力作。

《厦门文学艺术人物系列专辑》编委会

目录

第一辑　小传

6　蹉跎岁月

11　投身商海

23　极地圆梦

37　探险之旅

48　看看地球

61　实至名归

第二辑　作品

73　“七彩视界”系列

80　风光系列

126　动物系列

136　人文系列

第三辑　社会评价

169　摄影集《极情》序一 / 吕厚民

171　摄影集《极情》序二 / 朱宪民

173　摄影集《飞越非洲》前言 / 王　石

175　摄影集《大地盛影》前言 / 王　琛

第四辑　附录

179　大事年表

第一辑　小传

陈茂盛，1944 年 8 月 8 日出生于厦门。1962 年 7 月毕业于福建工艺美专（福州大学厦门工艺美术学院前身）绘画系。中国航拍摄影家。从事广告行业长达 40 年之久，是国内为数不多的老广告人之一。中国摄影家协会会员，企业家摄影协会（深圳）荣誉主席，福建省企业家摄影协会名誉主席，厦门市企业家摄影协会创会会长。IAA（国际广告协会）中国分会终身荣誉会员，福建省广告业联合会创会会长，福州大学厦门工艺美术学院客座教授。

连续四届获平遥国际摄影展“优秀摄影师奖”“优秀画册奖”。荣获第27届全国摄影艺术展——评委会推荐奖（最高奖）。2020年摘得第十三届中国摄影最高奖金像奖。由中国摄影出版社出版了《极情》《飞越非洲》《大地盛影》等个人艺术摄影作品集。作品曾被联合国、英国、俄罗斯、韩国以及欧洲摄影节等国内外摄影机构邀展及收藏。

▲ 金像奖颁奖典礼现场

2020年12月20日，三门峡国际文博城大剧院。这里灯火通明，鲜花灿烂，掌声雷动。第十三届中国摄影金像奖颁奖典礼正在隆重举行。一位高龄受奖者格外引人注目，他以一组题为“大地诗意”的摄影作品，经过激烈的竞争脱颖而出，获得此项殊荣。

他，就是来自厦门的老摄影艺术家陈茂盛。

这是一个荣耀的时刻，为了这一刻，他整整奋斗了40余年。

评委会用诗一般的语言，高度评价其艺术成就：

陈茂盛多年来一直坚持航拍，并始终保持着旺盛的创作激情。他的脚步遍及世界各个角落，航行在天上，却始终将镜头聚焦大地，在不间断的40年拍摄过程中，呈现给人们在地面无法轻易看见的景观。他的每一次创作都是一次冒险，他镜头中那些于亿万年岁月变迁之中形成的地形地貌，记录的是地球的历史。他的作品，光影与色彩融为一体，画面生动，气势宏伟，震撼人心，同时具备丰富的信息与完整的空间感。

作为业余摄影爱好者，他虽然从事摄影时间长达40余年，然而，真正投入艺术摄影创作，不过是年过花甲之后。

他曾在联合国、欧洲、英国、俄罗斯、韩国，以及我国北京、深圳、厦门、福州、平遥、大理、三门峡、潍坊、昆明、台北和金门等地参加过国内外重要摄影节和摄影大展，并多次获得重大奖项，部分佳作被国内外知名报纸、杂志、网站刊登及收藏。今天所获得的金像奖，是中国摄影赛事的最高奖。

此刻，呈现在人们脑海中的是八个字：厚积薄发，大器晚成。

▲ 金像奖奖杯

蹉跎岁月

1944年，厦门岛饱受日寇铁蹄的蹂躏已历经六个年头，烽火岁月，民不聊生。这一年8月8日，夏日炎炎，酷暑难当，陈茂盛降生在厦门岛内一个普通的平民家庭。父亲陈明握，小职员，厦门人；母亲谢珍碧，台湾人。

▲ 父亲陈明握

陈茂盛出生后几年内，三个弟弟、两个妹妹也相继出生。弟弟妹妹们接踵而至，给年轻的父母带来欢乐，也平添了忧愁：微薄的薪水难以喂饱嗷嗷待哺的孩子们。不久，父亲积劳成疾，患了严重的哮喘病卧床不起，更成了这个家庭的灭顶之灾。原先在中山路上一家食杂店当店员的母亲，独自挑起了家庭重担。为了有灵活的时间照顾家庭，她毅然辞去工作，申请了一份牌照，在离家不远的巷口摆起摊位，做起小商贩。

▲ 母亲谢珍碧

1951年，陈茂盛进入离家不远的第六中心小学读书。从小他就很乖巧，放学回家，没有像其他同学那样到处玩耍，而是帮助母亲做生意，或者回家照顾幼小的弟弟妹妹们。1956年，他考入厦门市第六中学。在这里，他遇到了美术启蒙老师、本市知名的水彩画家郑静。郑老师很快就发现陈茂盛具有绘画天赋，便鼓励他参加本校的美术兴趣小组。在郑静老师的关心和悉心培养下，陈茂盛得到了比较系统的美术知识学习和绘画技巧的训练，绘画水平进步很快。

1959年夏，陈茂盛初中毕业后，由于文化知识和绘画成绩突出，被保送到福建工艺美专学

▲ 恩师水彩画家郑静先生

习。校址就设在鼓浪屿汇丰银行旧址，位于维新路厦门二中背后的一座小山上，坡下不远处就是八卦楼。这里风光旖旎，可远眺厦门全景。

校园很简陋，只有一座红楼（办公楼）、一座小白楼（教学楼）和两座副楼（大专班），还有一座用竹栅搭起的食堂兼礼堂。学校设有大专班、群众美术科(工艺绘画科)、商业科、雕塑科、陶瓷科等。陈茂盛读的是工艺绘画科，他所在的班有30多位同学，唯一的女生是杨淑珠同学。工艺绘画科、商业科一起在小白楼上课。上语文、政治等大课时，几个班就集中在大食堂（礼堂）上课。学生宿舍是租在校外的一幢老旧别墅，狭小的房间放置两排双层床，更显逼仄拥挤。

那时国家正处于三年自然灾害时期。学生每个月配给28斤粮食。每天早晨入校时，同学们都要拿着一个写有自己名字的饭钵子，凭饭票排队去食堂取米，然后在淘洗后的大米里加上适量的水，放入大蒸笼。中午开饭时，大家到食堂，各自去取蒸好的饭，然后10人一桌地围坐在摆放着几盆菜的圆桌旁，狼吞虎咽起来。当时，同学们生活费每月只有8元钱，大多数同学家庭经济困难，平时就没有啥油水，偏偏正处于长身体时期，饭量特别大，每餐都吃不饱。来自农村的同学稍好些，从老家带些地瓜、地瓜干，放在饭钵里一起蒸，还可以填饱肚子。而城里的同学可就没有这福气了。

有道是“仓廪实而知礼节”“仓廪虚而岁月乏”。有的同学下课迟了，去食堂取饭时，或者发现钵里的地瓜干不翼而飞，甚至连饭钵都不见了，便只好干瞪眼，饿肚子。不过有时也有意外的发现，餐桌上菜盆里每人多了一片薄如纸的肉，一问之下才知道，原来是有领导视察来了。同学们都开玩笑地说：盼望多些领导前来参观视察。

那时没有电视，没有卡拉OK，最高的精神享受就是看场电影。每个月的生活费买一些纸、笔、颜料后，就所剩无几。有时连回厦门买船票的

▲ 福建工艺美专绘画科毕业同学留影 1959—1962（第一排左二起：丁朝安老师、李其铮老师、曾良奎老师、杨夏林老师、陈觉生老师、庄元老师，陈茂盛二排右二）

▲ 在鼓浪屿校园外，同班同学合影（陈茂盛右二）

几分钱都没有，无法每周都回去，几位同学就互相接济，凑足船票钱，每人轮流回一趟家。

尽管环境简陋，生活艰难，但在茂盛心目中，这里就是令人神往的艺术殿堂。许霏、杨夏林、顾一尘、李其铮、周荷生、庄元、丁朝安、陈觉生等名师，每天都为他们打开一扇扇知识的门窗，引领着他们走进缤纷多彩的艺术领域。同学们都很团结，学习氛围很浓。每天除了上课外，周一至周五晚上都有晚自习。每个人都很自觉地看书、临摹、画速写。每逢周末，甚至平日午休时间，同学们都会自觉地外出写生……

这一切，都镌刻在陈茂盛的心里，每每回忆起来，会感到无限温馨，无限感慨。

三年的学习生活很快就过去了，1962年，陈茂盛毕业了。比起留校待分配的大部分同学，他算是很幸运的了：翌年初，他就被分配在厦门华侨特种物资供应公司工作。不久，这个单位并入厦门市百货公司。陈茂盛作为公司的专职美工人员，负责全公司属下十几个商场橱窗设计、店面布置，同时也兼任工会的宣传工作。

这期间，他完成了两件人生大事：1969年春，和官佩芳结婚；第二年、第四年，大女儿陈慧倩、二女儿陈慧颖先后出生，他终于拥有了自己温馨幸福的小家庭。

进入20世纪70年代，随着商业业务不断拓展，政治运动持续进行，宣传需求也越来越多。经历过专业美学训练的陈茂盛第一次拿起了在当时十分珍稀的相机。他并不知道，与自己相伴一生的摄影生涯，就从这一刻开始了。在1963年参加工作后，他有时也拍一些商品广告、橱窗广告，以及工会活动的宣传照片。

随着时间的推移，他渐渐地对摄影产生浓厚的兴趣。当时用的是黑白胶卷，得自己建暗房，自己冲胶片、洗相片，放大照片，玩得很开心。

这一时期，陈茂盛用相机拍摄的主题大多是活动宣传，但这些常规性的工作，远远不能满足他想用相机留住情感世界的愿望。渐渐地，他开始用照相机记录平民的生活，记录故乡的山光水色。因为有一定的绘画功底和独到的审美眼光，他的作品艺术性强，令人过目不忘。

▲ 全家福

投身商海

改革开放的80年代，以携雷裹电之势呼啸而来。

劫后重生，百废待兴。厦门商业广告业在艰难中起步，全市先后创建了4家广告公司：由厦门工艺美术厂组建的厦门市广告公司、由联发集团公司组建的厦门市联发广告公司和由厦门书画社组建的厦门市艺术广告公司，厦门商业广告公司是全市第四家专业广告公司。这些广告公司最初所经营的业务都以户外广告为主。

1984年10月，为了增强企业活力，厦门市百货公司领导决定以百货公司工会为主体、原公司4名美工人员为业务骨干，成立厦门市商业广告公司，总经理由百货公司工会主席兼任，陈茂盛出任主持日常工作的副总经理。这一年，他刚满40周岁，正是不惑之年。

公司成立之初，为了解决无资金、无设备、无办公地点的问题，决定暂借原美工组的办公室办公，向工会借1000元为开办经费，开始对外营业。

如此简陋、弱小的广告公司，却是陈茂盛大显身手的机遇和平台。或许得益于少年时期帮过母亲做生意的经历，一向默默无闻的陈茂盛在商海博弈中显示出善于经营的潜质。在他的努力奋斗下，局面很快打开，公司很快走上正轨。

由于公司创意水平不断提升，设计与制作了不少优秀作品，在第二届全国广告作品展（之后改称广告节）中一举获得一等奖（“凯歌”电视机霓虹灯广告获金奖）、二等奖（“菓珍”主体广告获银奖）、优秀奖等重要奖项，是厦门市获奖最多的广告公司。在第三届全国广告节上，公司的“银城啤酒霓虹灯广告”获得一等奖（金奖）。由于公司信誉好、质量高，所以拥有了一批大客户，如上海“凯歌”电视机、“蜜蜂”缝纫机、厦华电器、“青春宝”等当时名噪一时的知名品牌。

▲ 上左：在第二届全国广告作品展上厦门商广的“凯歌”广告获一等奖（金奖）
上右：在第二届全国广告作品展上厦门商广的“菓珍”广告获二等奖（银奖）
下：在第二届全国广告作品展颁奖典礼上，陈茂盛（右）手捧金奖和银奖的奖杯及奖状

一年多后，陈茂盛正式接任总经理，更是放开手脚，大刀阔斧地开展工作。一穷二白的厦门商业广告公司迅速发展壮大，仅仅4年时间，公司已经初具规模，拥有户外广告100多面，面积3000多平方米；大型霓虹灯广告8座，1000多平方米。其中，“凯歌”霓虹灯广告，是当时福建省最大的霓虹灯广告。公司还自建3个车间（路牌制作车间、霓虹灯制作车间、灯箱招牌制作车间），职工人数多达30余人，其中大中专毕业生9人。

在陈茂盛的领导下，厦门商广的业务做得风生水起，广告业务不断向境外拓展。通过香港广告公司，与国外的电通、李奥贝纳、智威汤逊、奥美等国外知名广告公司合作，代理外商广告，将国外资金吸引到厦门来。“万宝路”“555”“沙龙”“骆驼”“喜来登”“人头马”“轩尼诗”等许多国际知名品牌也纷纷选择和厦门商广合作。厦门商广一举成为全市外商广告最多的广告公司。

1991年，正是厦门经济特区建设10周年。对于大部分人来说，这不过意味着庆祝的锣鼓、怒放的烟花，但聪慧过人的陈茂盛却从中看到了巨大的商机。他头脑中灵光一闪：当下虽然台海两岸并未三通，但紧张形势已趋缓和，何不借助特区10周年的契机，将大陆的产品厂家介绍到台湾？这个举动是破天荒的，看似奇思异想，但凭借着他近年来与境外商家交往的经验，通过香港公司登陆台湾，完全可行。

说干就干，他与香港洲际美术广告公司董事总经理吕继刚先生合作，从2月12日开始，陆陆续续将大陆的一系列广告推向宝岛台湾，登在《自立晚报》《自立早报》《中国时报》《联合报》《商业周刊》等台湾的平面媒体上。厦门商业广告公司成为大陆首家把大陆广告代理到台湾媒介的公司。

有了前面成功的经验，陈茂盛和他的老朋友、当时借调到商广协助工作的厦门市广告协会副会长、厦门电视台主任记者高振碧一起，又策划了一件中国广告界破天荒的大事。

这一年10月，陈茂盛和高振碧赴省会参加福州国际广告研讨会，在和与会的台湾地区媒体广告人一次咖啡座闲聊中，突发奇想：以纪念厦门经济特区创办10周年为契机，由厦门市商业广告公司筹划征集包括文章、图片和广告的宣传专版在台湾地区《自立晚报》刊发；《自立晚报》则负责版式设计和相关协调。两岸媒体广告人联手实施这一设想，堪称创举！

离会后，他们马上兵分两路：陈茂盛总策划，侧重厦门经济特区企业名优产品广告筛选、落实；高振碧则辅助对接厦门市委宣传部“市长署名文章”及对外宣传图片的审定。他们都意识到，这是一个难得一遇的商业广告与城市形象宣传巧妙结合的案例，于是，公司走廊里开辟了征集“主题广告语”的专栏，谁都可以畅所欲言，谁都可以信手涂鸦，一场前所未有的“智慧风暴”迅速掀起来了：“我们一起跨越海峡”“三通未始，广告先行”，诸如此类的灵感在公司内部奔涌激荡。

1991 年 12 月 8 日，台湾地区《自立晚报》在头版以套红形式开辟《热烈祝贺厦门经济特区建设 10 周年》半版专栏。更令海内外读者震惊的是，头版专栏赫然出现邓小平同志为厦门经济特区题写的“把经济特区办得更快些更好些”手稿原文。不仅如此，该报还用一个整版，推介厦门经济特区建设成就和投资环境，用三个整版刊登厦门企业和产品广告。这份报纸一面市，立即在台湾引起轰动，各报摊很快脱销，在读者一再要求下，不得不加印。这件事在台岛一时传为佳话。

厦门商业广告公司通过这一系列大胆且缜密的运作，全面提升了策划实施水平，扩大了广告文化视野，从而在全国广告界一举成名，中央电视台、《福建日报》均以“三通未始，广告先行”对这个具有划时代意义的壮举进行专题报道。

从此，厦门商广和台湾地区的一些媒体结下了深厚的情谊。“中国时报杯”羽球赛是台湾《中国时报》发起并组织的赛事，已经进行多年，在台湾新闻界及体育界颇有名气，陈茂盛便想借助这个平台，开展两岸的民间体育联谊活动。1995年7月，他与《中国时报》广告部经理伍永佑先生一起策划，组织福建厦门羽毛球代表队，赴台湾参加“中国时报杯”羽球赛。翌年，应厦门商广邀请，“中国时报杯”羽球赛在厦门举行。一时成为两岸广告界和羽毛球界的佳话。

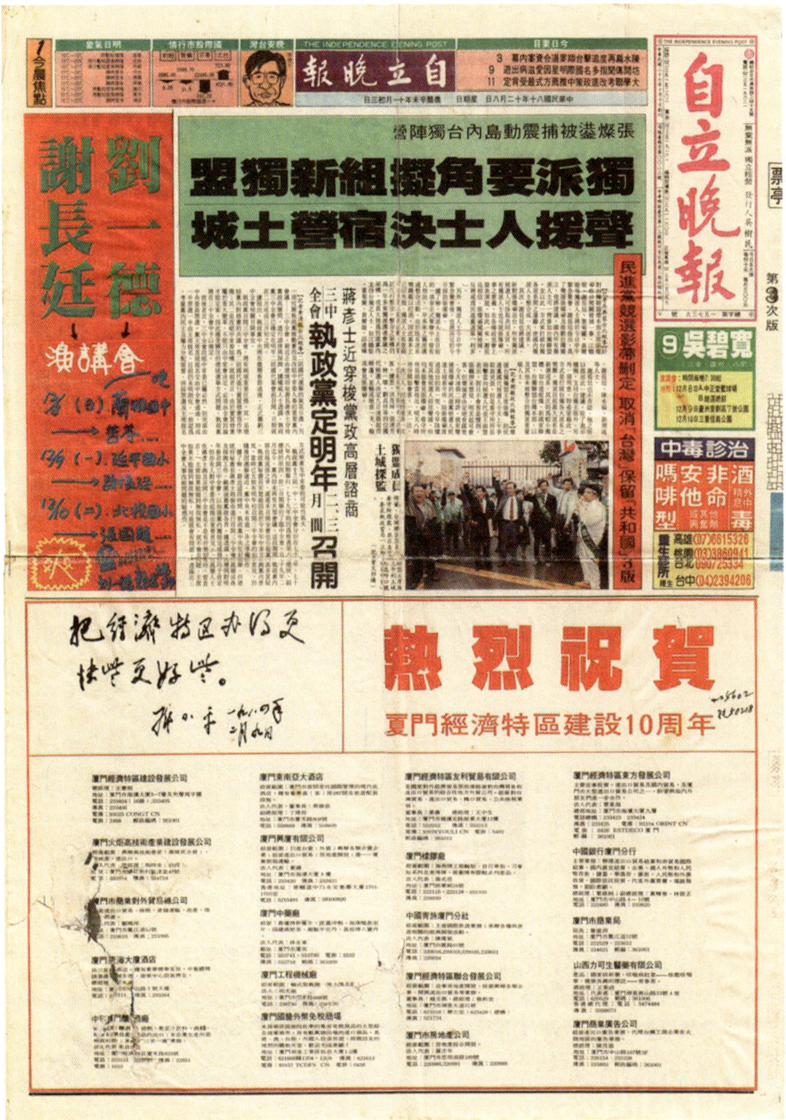

自立晚報
張燦鍙被捕震動島內台獨陣營
獨派要角擬組新獨盟
聲援人士決宿營土城
劉一德
謝長廷
蔣彥士近穿梭黨政高層諮商
三中全會 執政黨定明年二三月間召開
民進黨競選影帶刪定 取消「台灣」保留「共和國」
把经济特区办得更快些更好些。
邓小平
熱烈祝賀
廈門經濟特區建設10周年

廈門市房地產公司
廈門海光大廈
廈港花園
廈門唯一有風景的別墅山莊
東芳山莊
華星大廈

廈門投資環境日臻完善
熱烈祝賀廈門經濟特區建設十周年
廈門經濟特區建設的回顧與展望
台商看好廈門房地產業
借問投資何處好 台商遙指杏林灣
圓了海滄開發夢
廈門經濟特區 爲旅遊「熱」加「溫」

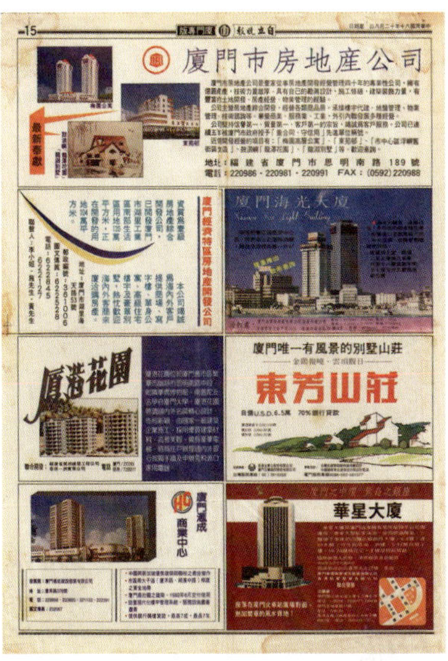

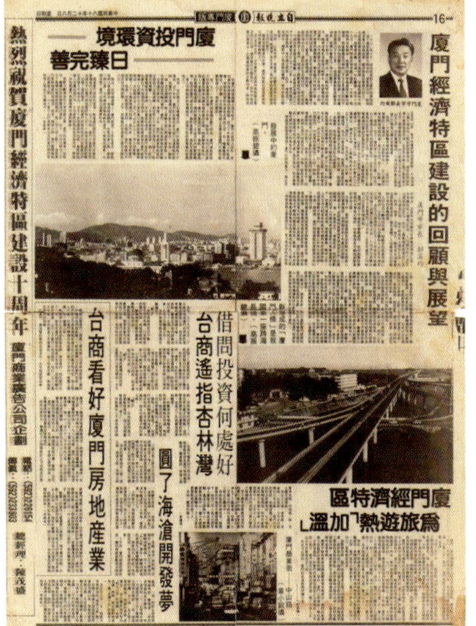

▲ 左：1991年，《自立晚报》首次刊登邓小平题词，轰动一时

右上：1991年，《自立晚报》刊登厦门地产广告，首创大陆在台湾地区媒体发布商业广告

右下：1991年，《自立晚报》刊登时任厦门市市长邹尔均介绍厦门的署名文章

▲左上：1992年，陈茂盛（左一）参加埃及的第三世界广告大会，中国代表团六位代表与大会主席（左四）合影
左中：1995年，陈茂盛与台湾《中国时报》广告部经理伍永佑先生签署合作举办“中国时杯报”两岸交流羽球总决赛
左下：2006年在迪拜参加IAA国际广告大会
右上：1991年，陈茂盛在美国PACE大学广告专业培训结业，大学领导颁发毕业证书
右中：1995年在台北市参加“中国时报杯”两岸交流羽球总决赛的大陆代表队

▲ 厦门火车站商圈嘉年华户外广告媒体
厦门莲坂商圈富山户外广告媒体
厦门鹭江道轮渡码头·通士达品牌地标雕塑广告
厦门思明南路中华城巨幕LED户外广告

▲ 左：李嘉诚先生在香港沙田体育场与TOM集团户外传媒公司的同仁在“和黄同乐日”一起参加运动会
右上：TOM户外传媒厦门公司
右下：荣获中国广告节长城奖、黄河奖等

陈茂盛在中国广告界崭露头角，他先后加入中国广告协会、IAA（国际广告协会）中国分会。他还参与承办了在厦门举行的中国广告协会换届大会。

多年来，陈茂盛领导下的厦门商广培养和锻炼了许多广告人，他的下属有的后来成为厦门广告界的中坚力量，有的甚至当上了广告公司的总经理。业内人士都戏称厦门商广是厦门广告界的“黄埔军校”。

为了进一步开阔视野与世界接轨，1993年，陈茂盛移居香港，并在香港通达理有限公司协助宋玉器先生工作了一年多。1994年，他和宋先生合作创建了太平洋（厦门）广告有限公司，任总经理。1995年，陈茂盛创办了厦门博美广告有限公司，任总经理。博美，顾名思义是“博大、美好”。博大且美好的广告，需要广而告之，这是陈茂盛从事广告业的理念和初心。

2002年，厦门博美广告有限公司被香港李嘉诚先生的和记黄埔旗下的香港TOM集团收购，成立“厦门市唐码博美广告有限公司”，陈茂盛出任董事长。在他的领导下，户外广告面积达3万多平方米的唐码博美公司很快成为厦门市规模最大的综合型户外广告企业。公司立足海峡西岸，致力于海峡两岸的行业交流发展，屡次获“中国广告一级企业”“全国文明单位”“中国广告行业精神文明先进单位”“中国广告100强单位”等殊荣。如今，“博美”不仅在厦门，而且在福建、上海、台湾地区等地的商界、广告界，已经是各方面认可的响当当的老品牌、老字号。

陈茂盛从事广告行业长达40年之久，是国内为数不多的资深广告人，曾任厦门市广告协会会长、福建省广告协会副会长、福建省广告业联合会创会会长。还担任IAA（国际广告协会）中国分会理事等职，并获IAA（国际广告协会）终身荣誉会员称号，还多次出席在美国、迪拜、北京等地召开的IAA国际广告会议。2007年，他代表中国广告协会出访埃及，参加第三世界广告大会。2008年，他以中国企业家代表身份，参加中国—哥斯达黎加经贸论坛，访问了美国、秘鲁、哥斯达黎加等国，受到当时访哥的胡锦涛等国家领导人的亲切接见，并合影留念。

厦门作为历史悠久的商业城市，广告文化底蕴深厚。有以下三点可以为证：厦门广告行业发展，有报纸作为根据的就有百年历史；厦门大学是中国最早开设广告专业的高校；厦门市广告协会是中国广告界成立最早的广告协会。

尽管历史悠久，但有关这方面的史料一直无人收集整理。作为资深的广告人，多年来，陈茂盛一直有一个心愿，要填补这项空白，然而这件事谈何容易：一方面，资料量大，收集不易。它们分散于各地图书馆和各收藏家手中，尤其是从清末到民国的报刊资料更难收集完整。另一方面，时间跨度大，资料残缺程度不一，整理更难。有的因为年代久远，品相不佳，扫描后图像不甚清晰。

2013年，他联袂地方史专家洪卜仁先生，历时四年，费了九牛二虎之力，收集了1100多份材料，然后分类筛选，编辑成书。其后又几次增删，才最后定稿。2016年8月，《厦门老报刊广告》终于正式出版，实现了他多年的心愿。这本书的出版，为了解和研究厦门市商业史、报业史和广告史奠定了坚实的史料基础。

▲《厦门老报刊广告》由洪卜仁、陈茂盛主编、出版

尽管终日忙于经商，但陈茂盛从来也没有放弃他的摄影爱好。随着年岁的增长，这种执念与日俱增。由于业务关系，他常常奔波于各地。只要有出差的机会，他总是随身携带相机，那段时期的摄影拍的都是风光片，记录所到之处的风土人情，算不上艺术作品。陈茂盛真正投入摄影艺术创作，是在2000年之后。

移居香港后，陈茂盛经常出入深圳，因了这个机缘，他结识了该市企业界的一些摄影爱好者，特别是王琛先生，并加入企业家摄影协会，时常背起行囊，与一些志同道合的企业家、摄友到世界各地去拍摄。

他的行囊很大很重：一个28吋的巨大行李箱和一个拉杆箱，以及随身带的双肩包，加起来足足80斤。行李中除了衣物外，最多的便是摄影器材和胶卷（胶卷还要用特制的铅袋装起来，以防X光照射影响色彩），这庞大的行装在安检抑或是托运时往往引来路人的好奇围观。

即便行囊如此沉重，陈茂盛也忘不了带上家乡厦门海堤茶厂焙制的铁观音和岩茶。无论多么疲累，只要喝上一口柔顺醇厚、喉韵十足的茶汤，就感觉家乡还在身边。

▲ 调试摄影器材

▲ 2016年6月12日，厦门市企业家摄影协会成立，陈茂盛任创会会长

▲ 2016年7月8日，深圳&厦门企业家摄影作品联展在厦门美术馆隆重开幕

摄影和绘画都是视觉艺术，它们之间是相通的，都是运用构图、空间、色彩等关系来记录与表达作者在一定的时空里对客观世界的独立感受。陈茂盛具有美术专业科班出身的功底，而且多年来潜心于对中国书画等东方美学艺术的爱好与收藏研究，从中汲取营养。他认为，摄影是在体现我世界（摄影者精神世界）与物质世界的关系。摄影者应该把自己对这个世界的认识与感悟，尽量在作品里化合为一。

陈茂盛认为，独特的视角和敏锐的洞察力是成为一个优秀摄影师的关键，他具备在日常生活中发现“非寻常之美”的直觉与嗅觉。摄影是光的艺术，摄影人的心里要有希望之光，眼里要有发现美之光，追随着光影成像。他说：“每次外出拍摄，当我与自然景观有了共情，那瞬光、那片影，就会从眼球直击心灵，我才会有要按下快门的心动。”所以作为摄影艺术家，不仅要有能力看到自然景观中的特有观看视角，还要看出其潜在的图像，并能将这种图像准确定格。

正因为如此，陈茂盛的作品自然与众不同。他以一颗纯粹之心去呈现纯粹之美。取景唯美，构图精美。那流畅的线条、梦幻的光影、斑斓的色彩、美妙的形态，令人流连忘返。

年过花甲后，陈茂盛逐渐将公司业务交给女儿打理，自己将时间和精力投向摄影创作，好实现早年的梦想。他给自己定了几条创作的原则：

第一，以抽象构图为主，具象为辅；

第二，以色彩鲜艳为主；

第三，以胶片摄影为主，数码为辅；

第四，以飞机航拍为主；

第五，不走传统旅游路线。

在创作实践中遵循这些原则，就使他的创作和一般人的作品拉开了距离，突出了个性，形成自己的创作特色。

陈茂盛还根据自己的年龄越来越大，行动能力必然逐年下降的实际情况，以“先难后易”的原则，制定自己的采风、创作路线：路途远风险大的地方优先。最远最难的地方，当然是南极和北极了。因此，他将极地之旅，列入自己创作计划的优先选项。

极地圆梦

有人说：天上最难的事是太空旅行，地上最难的事是叩访两极。通过探访两极了解自然，挑战自我，是许多人的渴望，也是陈茂盛由来已久的一个梦想。多年来，陈茂盛几乎走遍了世界五大洲四大洋。多少名山大川，奇风异俗，都曾一一收进他的镜头之中。然而，令他心心念念的是，还没有走进极地。

机会终于来了。2010年2月，深圳企业家摄影协会横跨亚、欧、南美洲的南极探险之旅，陈茂盛偕夫人官佩芳也参与其间。摄友们一行9人先是在空中飞行约55个小时，全程旅行55657公里，相当于环绕地球一周多。行程沿着英国著名探险家沙克尔顿的探险路线，从阿根廷的最南端乌斯怀亚乘坐“前进”号破冰船在南极海域航行17天，历尽常人难以想象的艰辛与极限体验。

▲ 南极摄影中

在途经“死亡海峡”——德雷克海峡时，广播通知可能遇上12级的暴风，大家都心慌了：这艘一万吨左右的破冰船怎么经得起这大风浪？即便在海边长大，经历过无数次强台风的陈茂盛，也紧张了起来。过了不久，广播又通知，风力减为10级，大家刚松了一口气，一阵激烈的震荡又将每个人的心都提到了嗓子眼。

尽管风力减弱了，但这毕竟是在茫茫大海之中啊！风浪越来越大，船基本上是成45°斜角剧烈地摇晃，卫生间的那扇门在风中摔得砰砰作响。桌上的香槟酒及酒杯全都滚到甲板上，碎了一地。幸亏铁床是固定的，大家把照相机包绑在床脚上，然后死劲地抓住铁床栏杆，闭上眼睛，无助地听天由命……

经过三天两夜在风浪中的折腾，除了陈茂盛之外，同行的8个人全都晕船了。大家躺在床上，紧闭上双眼，一动也不敢动，有的还呕吐，十分难受。陈茂盛虽然时年已66岁，但他的身体并不输给年轻人，这得益于他多年来坚持体育锻炼。每周六、周日，都会到体育中心练“太极拳”，已经持续20余年，不管刮风下雨，从未间断。这项运动能锻炼身体的灵活性和耐力。所以这点颠簸，对他而言不算什么。

每到用餐时间，船上的小餐厅一反常态，总是门可罗雀。只有陈茂盛和几个老外仍像往常一样，扶着舱板，在颠簸中摇摇晃晃地步入餐厅品尝美食。一次，陈茂盛在自助餐台打了一碗热汤，放在餐台边后，船突然摇晃起来，边上的一位老外站立不稳，慌乱中想抓住桌边，不小心手掌触翻了那碗热汤，烫得嗷嗷直叫。陈茂盛很不好意思，连声说：“对不起，对不起！”尽管老外手掌烫得发红，但他还礼貌地说，是自己不小心的。第二天再见到他时，手掌已绑着绷带，而他依然还是很有礼貌地和陈茂盛相视一笑。

他们终于在大风大浪中穿过海峡，深入至南极半岛南纬65度10分，到达南设得兰群岛。因为不晕船，陈茂盛占了大便宜：比起同行摄友多拍了一些极地奇异风光……

▲ 攀涉南极

就要到冰川深处了，船方给大家上了一堂安全与环保课：由于南极是一片净土，大家要穿上防水外套、鞋子，下船靠岸时还要消毒，并与动物保持5米距离；大家只能带走记忆，不能带走地上的任何东西，包括石头，并且不留下任何垃圾；要沿着探险队员插上的小红旗路标走，以免发生危险……

破冰船很快到达南极半岛，因为没有码头，船靠不了岸。队友们只能按每10人一组乘坐橡皮艇，深入冰川深处。只见一座座冰山晶莹剔透，水面清澈如镜，倒影相连，让人无法分辨出哪里是天，哪里是地。许许多多的冰融化，坍塌下来，漂浮在海面上，泛出隐隐的蓝色光泽，大小都有，随处可见。浮冰由于受海水冲击不均匀，呈现出不规则状的空洞、凹槽、棱角，有的甚至像一艘帆船，这些形态各异的浮冰，不规则散布在蓝黑色的海面上，如同在举办冰雕展览。还有憨态可掬的企鹅、笨拙而凶悍的海豹、喷着巨大水柱的鲸鱼、穿梭于风口浪尖的信天翁……

队友们还参观了英国、阿根廷等国的南极科考站。科考队员都回家了尚未返回，这里人去屋空，只留下空房子让他们拍摄。

为了拍摄南极最美的景色，大家踏着厚厚的冰雪，爬上一座座冰山。路上太滑，每个人的相机都被摔出多次，幸好雪地是柔软的，没被摔坏。

陈茂盛为冰雪大地斑驳陆离的几何纹理，为各种奇特的生态而赞叹不已，他忽然感悟到，自然的美就在于她的粗犷、原始、无规则与随机性。于是，他按捺住内心的激动，注视着眼前一幅幅画面，像猎人一样搜寻着每一个猎物。

那一幅幅来自极地的作品就在他按下快门那一刻诞生了。

2010年7月，陈茂盛回到厦门不久，就看到《摄影世界》所辟的一个题为“南极探寻”的专栏上，刊登了一篇介绍自己和作品的文章。2010年12月，厦门市文化艺术中心举办了“极地叹寻——陈茂盛南极摄影展”大型个展，展出了陈茂盛在南极拍摄的数千幅照片中所精选出的100幅极具视觉冲击力、震撼力与想象力的倾情之作。

▲ **远方来客** 南极

▲ 2010“极地叹寻——陈茂盛南极摄影展”厦门市文化艺术中心大型个展

人们刚跨进4000多平方米的大展厅，立即就被迎面而来的磅礴气势所震撼。每一幅作品都占据了巨大的空间，有的作品甚至高达40平方米，堪称摄影展览之最。展览很有创意，不仅突破传统模式，而且化瞬间于永恒，融永恒入瞬间，将极地“那堆砌千万年的壮丽冰川，那奇趣多姿的极地生物，那瑰奇壮丽的地理极限、生存极限等景象”一一呈现在每个人面前，更是令人有穿越时空、感悟生命的巨大震撼。展览的主题耐人寻味，一个“叹”字不仅道尽了极地之旅的辛苦，更是对极地奇异风光和顽强生命的由衷礼赞。

在作品《银堡仙踪》里，可以看到巨大的冰川漂浮在烟水空蒙的洋面，它们形态各异，犹如童话王国的城堡，充满神话世界的魔幻色彩；在《银须千丈》里，冰川融化的坡面酷似童话里小矮人垂下的银须，晶莹剔透，十分奇幻，让人想起李白那脍炙人口的诗句：“白发三千丈，缘愁似个长”；《冷酷仙境》描绘的是错综复杂的冰川在变幻的阳光下，呈现出一派光怪陆离的景象，犹如童话里的冰雪仙境；《冷翡翠》里分崩离析的冰山碎片，如翡翠宝矿，在冰海里散发出幽深诡奇的光彩。

南极之行给陈茂盛留下了深刻的印象，取得了丰硕的成果。刚回到厦门不久，他就迫不及待地奔赴北极，再续圆梦之旅。

2011年6月，陈茂盛与其他5位摄影家，经挪威首都奥斯陆飞往“北极心脏”朗伊尔城，此地纬度是北纬78度13分，这意味着已经进入北极圈。随后，他们再转乘“阿尔贝二世亲王”号破冰船开始了北极的探险旅行。

北极与南极景色大同小异，也是随处可见冰川、冰山和浮冰，但由于北极地区开发较早，人类活动较多，并且与大陆地缘接壤，所以生态环境的破坏与冰川融化的程度更严重，景色壮观程度不如南极。

位于人类文明禁区内的巴芬岛（Baffin Island），是大自然创作并保留的最原始的荒原。一望无际的雪原，蜿蜒曲折的海岸线，嗅觉敏锐的北极熊，坚毅而聪明的因纽特人……鬼斧神工的地貌、神奇的天文现象、奇特的生物群落都在召唤着酷爱探险的人们。

他们踏上人迹罕至的斯瓦尔巴德群岛北部冰层，搜寻浮冰上的海象和北极熊，目睹成千上万的海鸟聚居地。他们除看到海豹、海象、驯鹿、北极狐、北极燕鸥等动物以外，还看到珍稀的北极熊、白鲸。最多的生物就是徙息在熊岛的群居鸟类。由于北极地区的温度高过南极，其动植物的多样性也超过南极。与南极之旅不同，他们的北极之旅深入到了北纬80度的广袤冰原，距北极点只有10度之遥。

北极冬季零下40多摄氏度的气温，无论对人身体还是对摄影器材都是一个考验。但是，陈茂盛很快被北极的美丽所征服，忘却了酷寒。

就在那一刻，天际突然出现五彩缤纷、绮丽无比的极光，先是在天边一角舞动，继而漫向高空。那色彩，那光亮，时暗时明，或浓或淡，此起彼伏，变幻莫测。有时像激光灯光，在雪地上投射出人影；有时又像在天幕上快意地大笔泼墨。颜色时而如雪白色轻纱，时而又变成橙绿色丝带。这种宏伟壮观的自然景象，好像沾了仙气一般，颇具神秘色彩。因纽特人将其视为鬼神引导死者灵魂上天堂的火炬。

▲ 北极摄影中（后面是陈茂盛他们乘坐的“阿尔贝二世亲王”号破冰船）

此时置身其间，恍若神仙。陈茂盛连忙拿起相机，用几乎要冻僵的手指按下了快门。

正当陈茂盛为自己的收获兴奋不已时，一件意想不到的事情发生了：他发现自己的眼部有烧灼感、异物感，一见到冰雪和刺眼的光线就流泪与剧痛。最初一两天，他并没怎么在意，认为在南极待了近一个月，戴着墨镜也没事。但是没过几天，病情越来越严重：眼睛一直红肿，流泪，睁不开，严重影响了摄影。摄友将自己带来的一瓶眼药水让他用，虽有所缓解，但还是不见好转。陈茂盛只能忍着剧痛，支撑到回国后，才去医院治疗，医生说这是“雪盲症”，虽多次就医，也无法痊愈，落下了后遗症。

两次极地之旅给陈茂盛留下了刻骨铭心的记忆。他带回了神秘极地的每一个精彩瞬间，那堆砌千万年的壮丽冰川，那奇趣多姿的极地生物，那瑰奇壮丽的地理，极限生存、极限风光等景象，一一收入他的影像资料和数千张珍贵的“胶片作品”及“数码作品”之中。回到厦门后，陈茂盛就在很短的时间里，编出了一本题为“极情”的摄影集，由中国摄影出版社出版。

陈茂盛表现极地景象极具动感，在《山舞银蛇》里，我们看到巍然的雪山披着白色玉带，逶迤连绵，势如银蛇、宛如游龙；而《兼程》中的两座巨大的冰川，则如同一对并肩徐徐而行的大象；《情人泛舟》这座冰山如同两情相悦的伴侣荡舟同游，惟妙惟肖。

那些只有在南极才能看到的动物，在陈茂盛的镜头前，无不形态各异，活灵活现，令人萌生怜爱之情。《孑然》，画面上，孤鸟孑然一身，矗立在圆润的岩石上，光与阴、黑与白、轻与重、大与小，构成了一幅肃穆而空灵的画面；《簇拥》里的麦哲伦企鹅们憨态可掬，亦步亦趋，有着很强的团体行动意识；《引颈》描绘的是帝企鹅入水的瞬间，画面宁谧、温情，水面在暮色下呈现出金属般的质感；《倨傲》里，一头胖乎乎的海豹奋力跃上冰岸，它那鄙夷的眼神像是在挑衅：我的地盘我做主；《赴会》里，一群帝企鹅威仪棣棣地涉入海洋，像极了趾高气扬的燕尾服绅士，令人忍俊不禁；《迎客》表现的是一群帝企鹅在海滩边支颐扭颈，如同亲友团在岸边迎接归航的人们；《嬉》描绘的是巴布亚企鹅在海滩上追逐嬉戏的一刻，它们如同冲刺终点的运动员，萌态可掬，喜感十足；《小憩》里，两头打瞌睡的喜石企鹅，不约而同地蜷曲耷拉着脑袋，那姿态令人莞尔；《左顾右盼》呈现给我们的是帝企鹅的大集会情景，这是它们慵懒的黄金时间，在阳光下一个个漫不经心、无所事事的样子令人捧腹；《集市》展示的是一群聒噪不休的企鹅，雪山下，万头攒动，熙熙攘攘，仿佛是大型集市的盛会；《威仪》，毛滑如漆的海豹端坐于前，神情桀骜不驯，一副君临天下的样子；《亲昵》，两只冰原上漫步的北极熊，浑然忘我地亲昵，与严酷的风雪形成强烈的对比；《漪》，海雁静静地站在礁岩上，澄澈的水面泛起层层涟漪；《弄潮儿》里，欢乐的企鹅们扑翼奔向海洋，像一群弄潮的孩子……

▲　上：**流动的冰川**　南极
左中：**威仪**　南极
左下：**小憩**　南极
右中：**簇拥**　南极
右下：**孑然**　南极

陈茂盛善于在作品中营造意境，在给人以美感的同时，也带给人们哲思。《渺》表现的是两只零落的生灵在长滩上留下沧海一粟的身影，画面充满空灵禅意，让人体会到“飘飘何所似？天地一沙鸥”的诗情画意；《邻》里，海豹与企鹅两种类群世代在这片大陆上共同繁衍、生活，它们和平相处、各自为政而不相为谋。

《旧舰》里，20世纪搁浅至今的捕鲸船，残破衰败的躯体见证着历史的风雨；《皮囊》则让我们看到一边是生命消亡，一边是生命存在，这是自然规律最好的写照；《骷髅》似乎以一堆静静的化石诉说着一个故事：它曾经也鲜活于这个世界；《累累残骸》让我们想起物竞天择、新陈代谢的规则是大自然永恒的主题；《亘塌》则让我们目睹了一个无可奈何的现象，随着全球气候暖化的趋势，亿万年的冰川逐渐走向亘塌、融化、消亡；《绿意》表现的是在这片万年冻土上，仍有绿色生命顽强扎根，给沉寂的天地带来盎然的绿意。

陈茂盛还在作品中记录了极地的一些特别的景观，《标记》里，前人为了识别地理位置，用鲸鱼骨头搭起的标记塔；《极地圣堂》里，一座地球上最南端的教堂，在苍茫的极地原野上显得格外宁谧、圣洁。

这组以“极情——穿越南北极”命名的系列摄影作品，气势不凡，意境深远，不仅用镜头再现了南北极冰原景致及生态，而且以极具个性的艺术影像语言，表达了人对自然环境的关注与思考，呈现出作者敬畏自然、包容万物的胸怀，对芸芸众生的悯爱之心。其中有一幅作品《南极——正在消融的冰天鹅》是他在南极坐橡皮艇时偶然抓拍的：漂浮的冰川像一只晶莹剔透的天鹅，美丽而忧郁，孤独而脆弱。随着地球的升温，每天都有这样的冰川在分崩离析，融化消解，造成严重的气候失衡和自然灾害，他希望借此作唤起公众一起关注日益紧迫的地球生态问题，共同保护人类的家园。这幅摄影作品被2013年11月6日《人民摄影报》刊登介绍，深受好评。2017年，作品《南极——正在消融的冰天鹅》（版号1/99）参加“‘为爱分享，愿爱永恒’2017在线慈善拍活动”，拍卖所得款项全额赠

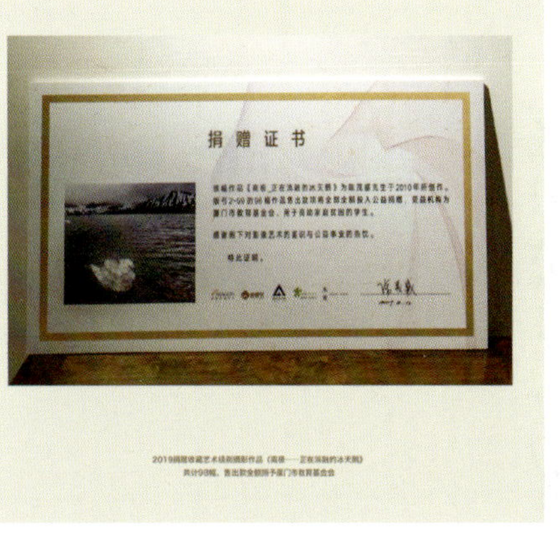

▲ 左：南极——正在消融的冰天鹅
右：2019年，捐赠收藏艺术级作品予厦门市教育基金会

予BAZAAR明星慈善夜公益项目。2019年，作品《南极——正在消融的冰天鹅》所属98个版号今后售出所得款项将全额捐赠给厦门市教育基金会，用于资助家庭贫困的学生。

面对着前来采访的记者，陈茂盛感慨万分地说道，两次极地之行，让他的心灵得到了洗礼。当看到一些冰川因为人类对环境破坏而受影响融化时，深切地感受到保护环境的重要性。正如他在文章中所说的那样：“通过这两次极地圆梦之旅，让我在领略大自然意志之磅礴的同时，也体会到大自然生态之脆弱，更意识到人类必须有维护自然生态的紧迫感，承担起保护自然生态的责任。”

참 가 증

参展證

中國攝影家 佰人

작가 陳茂盛

위 작가는 (사)韓國寫眞家協會
강원도 지회에서 주관하는 영월 단종 문화제
기념 佰人攝影展에 훌륭한
작품을 出品하여 보다
품격있는 행사가 될수 있도록
기여하였기에
이 證書를 수여합니다.

2014년 4월

中国摄影家走进联合国——“自然中国”摄影作品联合国首展
Chinese Photographers to the United Nations — 1st Nature China Photography Exhibition

参展证书
CERTIFICATE

尊敬的：陈茂盛 先生/女士

您的摄影作品《大地的脊梁》《九曲飞壁峡》经专家评选，入选由中国摄影出版社、全面禁止核试验条约组织筹备委员会（CTBTO）共同主办的中国摄影家走进联合国——“自然中国”摄影作品联合国首展。

特颁此证。

Dear Mr/Ms: **Chen Maosheng**

Your photography works, “ **The Backbone of the Earth** ” “ **The Zigzag Course of the River** ”, were selected into *Chinese Photographers to the United Nations — 1st Nature China Photography Exhibition*, co-organized by China Photographic Publishing House (CPPH) and Preparatory Commission for the Comprehensive Nuclear-Test-Ban Treaty Organization (CTBTO).

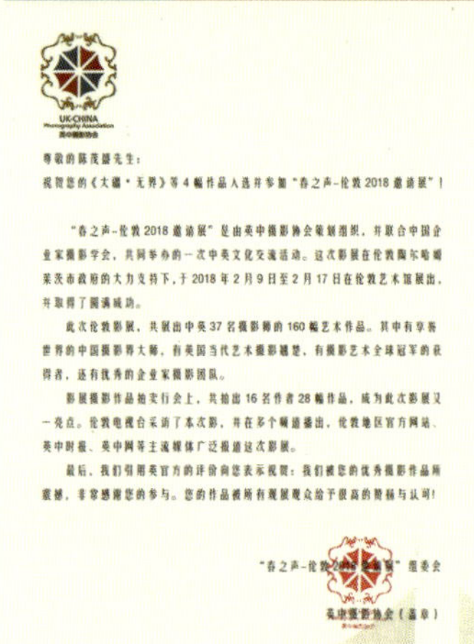

UK-CHINA
Photography Association
英中摄影协会

尊敬的陈茂盛先生：

祝贺您的《大疆·无界》等4幅作品入选并参加“春之声-伦敦2018邀请展”！

“春之声-伦敦2018邀请展”是由英中摄影协会策划组织，并联合中国企业家摄影学会，共同举办的一次中英文化交流活动。这次影展在伦敦陶尔哈姆莱茨市政府的大力支持下，于2018年2月9日至2月17日在伦敦艺术馆展出，并取得了圆满成功。

此次伦敦影展，共展出中英37名摄影师的160幅艺术作品。其中有享誉世界的中国摄影界大师，有英国当代艺术摄影翘楚，有摄影艺术全球冠军的获得者，还有优秀的企业家摄影团队。

影展摄影作品拍卖行会上，共拍出16名作者28幅作品，成为此次影展又一亮点。伦敦电视台采访了本次影，并在多个频道播出，伦敦地区官方网站、英中时报、英中网等主流媒体广泛报道这次影展。

最后，我们引用英官方的评价向您表示祝贺：我们被您的优秀摄影作品所震撼，非常感谢您的参与。您的作品被所有观展观众给予很高的赞扬与认可！

“春之声-伦敦2018邀请展”组委会

英中摄影协会（盖章）

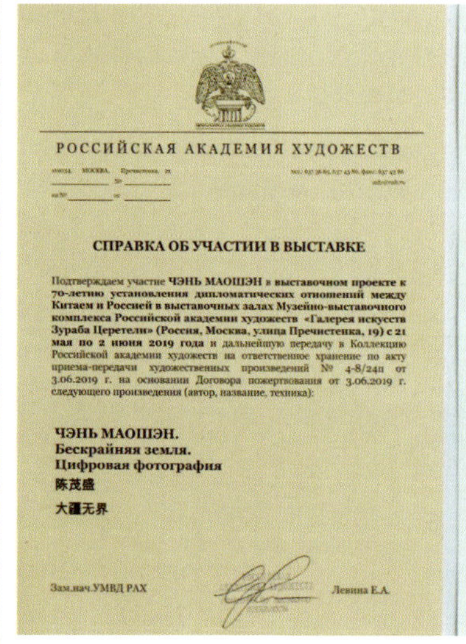

РОССИЙСКАЯ АКАДЕМИЯ ХУДОЖЕСТВ

СПРАВКА ОБ УЧАСТИИ В ВЫСТАВКЕ

Подтверждаем участие **ЧЭНЬ МАОШЭН в выставочном проекте к 70-летию установления дипломатических отношений между Китаем и Россией в выставочных залах Музейно-выставочного комплекса Российской академии художеств «Галерея искусств Зураба Церетели» (Россия, Москва, улица Пречистенка, 19) с 21 мая по 2 июня 2019 года** и дальнейшую передачу в Коллекцию Российской академии художеств на ответственное хранение по акту приема-передачи художественных произведений № 4-8/24п от 3.06.2019 г. на основании Договора пожертвования от 3.06.2019 г. следующего произведения (автор, название, техника):

ЧЭНЬ МАОШЭН.
Бескрайняя земля.
Цифровая фотография
陈茂盛
大疆无界

Зам.нач.УМВД РАХ Левина Е.А.

РОССИЙСКАЯ АКАДЕМИЯ ХУДОЖЕСТВ

решением Президиума Академии от *14 мая 2019 года*

присуждает

ДИПЛОМ

ЧЭНЬ МАОШЭН (CHEN MAOSHENG)

за организацию и участие в выставочном проекте к 70-летию установления дипломатических отношений между Китаем и Россией

ПРЕЗИДЕНТ З.К. Церетели

Главный ученый секретарь Президиума О.А. Кошкин

МОСКВА

Busto Arsizio, Italy, 22.03.2019

Si attesta che il
Sig. CHEN MAUSHENG
ha partecipato con una mostra personale al
Festival Fotografico Europeo 2019
a Busto Arsizio, in Provincia di Varese- nei pressi della città di Milano.

Il pubblico ha potuto apprezzare la sua arte,
attraverso le immagini proposte, realizzate con grande capacità tecnica,
che identificano uno stile inequivocabile molto apprezzato da storici, artisti,
studiosi, studenti, professionisti e appassionati italiano.

It is attested that the Mr. CHEN MAUSHENG participated with a personal exhibition at 2019 European Photo Festival,in Busto Arsizio, in the Province of Varese - near the city of Milan.The public was able to appreciate his art,through the images proposed, made with great technical capacity,that identify an unmistakable style much appreciated by Italian historians, artists, scholars, students, professionals and enthusiasts.

In fede

Il Presidente
Archivio Fotografico Italiano
Claudio Argentiero

▲上左：2014韩国江原道摄影展参展证书
上中：2016中国摄影家走进联合国——“自然中国”摄影作品联合国首展参展证书
上右：2018首届“春之声”伦敦艺术邀请展参展证书
中：2019“中国风”优秀摄影作品俄罗斯展参展证书
下：2019欧洲摄影节参展证

▲ 上左：2011年，第十一届中国平遥国际摄影大展优秀摄影师奖
上右：2012年，第十二届中国平遥国际摄影大展优秀摄影画册奖
下左：2013年，第十三届中国平遥国际摄影大展优秀摄影师奖
下右：2014年，第十四届中国平遥国际摄影大展优秀摄影画册奖

时任中国摄影家协会顾问吕厚民老师曾这样写道：“了解自然、挑战自我、呼唤环保，这正是茂盛先生前往极地探险和摄影的目的。”应该说，这个目的陈茂盛已经达到了。

2011年，系列摄影作品“极情——穿越南北极”在“第十一届中国平遥国际摄影大展”中荣获自然类“优秀摄影师”奖；“穿越南北极”系列摄影作品参加第三届大理国际影会，荣获“国际评委会特别奖”。其中，单幅作品《孑然》，被大理影像博物馆永久收藏，这个系列摄影作品还参加了中国连州国际摄影年展。

▲ 上：《极情》中国摄影出版社2012年版
中：《飞越非洲》中国摄影出版社2014年版
下：《点亮·大地盛影》中国摄影出版社2020年版

2012年，陈茂盛的摄影画册《极情》参加第十二届中国平遥国际摄影大展，荣获“凤凰卫视优秀摄影画册奖”。之后，“极情”系列摄影作品参加2012台北摄影节，荣获“最佳摄影师奖”。接着，又参加第九届中国摄影艺术节第二届中国武当国际摄影大展；“南北极”系列摄影作品参加首届中国凤凰国际摄影双年展。这一年4月20日，《中国摄影报》刊发了介绍摄影作品《梦想》的图文。

由陈茂盛极地摄影所引起的余波持续荡漾，显然，他的创作正进入高潮。

2013年，他的“美丽迷人的南部非洲”系列摄影作品参加第五届大理国际影会，荣获“国际评委会特别奖”；“飞越好望角”系列摄影作品参加北京国际摄影周、第十三届中国平遥国际摄影大展，荣获“优秀摄影师奖”，参加台北摄影节，荣获“最佳展览奖”；“自然风光”系列摄影作品参加北京中国企业家摄影学会成立首届摄影展；“地球痕迹”系列摄影作品获第六届“税收·发展·民生”全国摄影大赛风光类铜奖；“穿越南北极”系列摄影作品参加“多彩贵州·中国原生态国际摄影大展”。

探险之旅

吕厚民在为陈茂盛的摄影集《极情》作序时写道："翻开陈茂盛先生的摄影集，你会被他独具发现美的眼光以及作品中所呈现出来的艺术魅力所折服。无论是千姿百态的冰川，还是雪巅间豁然出现一道虹彩，都是和谐灵动而生气远出的。从那虚实流变的境相中，你能体悟到宇宙万物的神韵和光彩；无论是疾驰游弋的信天翁，曲臂垂腕的企鹅，还是毛滑如漆的海豹，以及浑然忘我的亲昵的北极熊，都是大自然生生不息的生命律动。从那光影流泻、空旷渺远的画面中，你会恍惚产生亦梦亦幻的感觉……"

人们也许并不知道，如此美妙的作品，每一幅都来之不易，都经历了许多艰辛，甚至是生命危险。

2011年8月18日，陈茂盛参加中国艺术摄影家学会一行11人前往肯尼亚为期8天的摄影创作。

在野生动物园拍摄野生动物，是此行最动人心魄的节目。由于野生动物在园内自由地奔跑行走，为安全起见，组织者安排两人同乘一部车，在密闭的空间里进行拍摄，陈茂盛和TOM集团成都分公司肖景勋董事长同坐一部面包车。

肯尼亚野生动物园规定：为了不影响野生动物和行人安全，车辆只能沿着水泥道路行走。若进入草地，被巡逻的警察发现，要罚款200美元。

车子驶进园内，只见一群狮子在草地嬉玩，公狮、母狮、小狮都有，这是很难得的场景。水泥路离狮子较远，司机为了让摄影师拍得更清楚，就私自把车开进草地，悄悄逼近狮群。陈茂盛又高兴又紧张，他屏住气息，打开镜头盖，将镜头对准距离已经不到10米的狮群，按下快门。 这时，一件意想不到的事情发生了：面包车忽然晃了一下，一个车轮陷进草地下的一个大坑，动弹不得，任油门怎么踩，车轮只是空转。司机着急了：一是离狮子太近，极其危险；二是怕巡逻警察发现要罚款。他越急，车陷得越深。见司机一脸慌张的神情，陈茂盛安慰他说，别急，若罚款我们来付，当务之急是想办法离开这个危险之地。

司机终于冷静下来，便打电话求救。一会儿，终于有一部吉普车开来了，用铁索钩住面包车，生拉硬拽，费了九牛二虎之力，车轮依然在原地空转。于是，又叫来一部越野车，死劲地顶住面包车往前推。半天工夫，还是无法让面包车挪动半步。警车闻讯赶到了，面对这种情况，也只能在一旁干瞪眼。

狮子们大概没见过这种场面，瞪大眼睛愣愣站在原地。这时谁要是下车，回过神来的狮子们，大概率是会猛扑过来的。陈茂盛和他的同伴此时处于极度危险、极度恐怖的境地。这时，司机灵机一动，用电话调来一部同样的面包车，让两部车并排靠近，车门对车门同时打开，二位摄影师迅速跳到后到的这部面包车上，才算脱离危险。司机留在车里，等待吊车来救援。陈茂盛透过车窗，看见环伺在周边的狮群，顷刻冒出一身冷汗。

在陈茂盛多年的摄影生涯中，这种危险的情况屡屡发生。他印象较深的还有2016年8月参加俄罗斯堪察加半岛的探险之旅。那次共有20多位摄影家参加，此外，还雇了俄罗斯司机、女厨师等工作人员7人随行。

堪察加半岛是世界著名火山区，四周为火山群，火山多达160座，其中29座为活火山，是全球火山活动最频繁的地区。刚到堪察加，他们就见到几座正在喷烟、喷火山灰的活火山，兴奋极了，拿起照相机就狂拍起来。

半岛地表结构复杂，存在几种不同的地貌形态，再加上火山活动以及临近海洋的影响，使这里形成了与俄罗斯其他地区迥异的特殊气候条件。冬季半岛北部的严寒可达零下50摄氏度，每年有7至8个月海面为冰层覆盖。

当陈茂盛和大家去拍摄火山口时，由于凹凸不平的山路和特殊的气候，他脚上穿的户外登山鞋的鞋面和鞋底裂开了。这双鞋的脚感很好，曾陪他走过南北两极。可是万万没想到，这回在路上坏了！他每次远行拍摄，携带的摄影器材很多很重，只好将随身携带的物品精减到最大程度，

▲ 堪察加活火山

没有多准备一双备用鞋，这里荒无人烟，无处可买新鞋，所以每天还不得不穿这双裂开鞋头的破鞋子。

每天都要在寒冷的天气下长途跋涉，冰水渗入鞋里，脚底冻得僵硬麻木，十分难受。当陈茂盛得知队友王礼贵包里带有一卷胶带，仿佛抓到一根救命稻草，高兴地脱下冰冻的破鞋，把左脚冻得脱胶的登山鞋用胶带把鞋面和鞋底捆扎紧。看似不起眼的一卷胶带却解了燃眉之急。但只有一只鞋扎胶带，两只鞋不对称，极不美观，索性一不做二不休，把右脚的鞋也同样用胶带捆扎起来，没想到这样还挺好看的！摄友们都开玩笑说，回国后可以把这双鞋放到中国摄影博物馆去展览。

第二天，前往火山口拍摄火山熔岩。他们很快发现，冷却后的火山熔岩其实是像金属一样的岩石，形状各一，遍布在路上，行走时，那脚底下的岩石还会发出金属般清脆悦耳的声音。陈茂盛很想带几块回家，他捡起一块正要收进随身包，同伴说，熔岩带有放射性物质，对人有伤害，他只好悻悻地扔掉了。

到达火山脚下，已近傍晚时分，就先安营扎寨。每人一个小帐篷，其中一个稍大的作为食堂及厨房。刚简单吃过晚饭，天色就已经黑了，风骤然刮了起来。由于处在火山口边上，火山灰像黑色砂子一样吹来，大家只好躲进帐篷里避风。他们开始并不在意，认为刮一阵子大概就会停了。但万万没有想到，这场大风居然没完没了，从傍晚起一直刮到第二天天亮。

裹挟着火山灰的大风把帐篷刮得东倒西歪，呼啸的风声、胆小女同胞的尖叫声不绝于耳。幸亏雇来的那7个“战斗民族”的弟兄恪尽职守，一整夜不停地忙着：时而搬石头压帐篷，把被风吹倒的帐篷扶正；时而挥起铁铲铲除砂子，生怕摄影师们被活埋。足足折腾了一夜，好不容易挨到天亮，风总算歇了。借助朦胧的天色，才发现每个人都成了“黑沙人”，便彼此相视而笑。惊魂甫定，赶紧收拾相机和行李，狼狈地落荒而逃。

前往库页岛拍摄棕熊捕鱼，是这次活动的重头戏。因为人多，他们租用一架大型的俄式直升机，除了载人外，还载了水、粮食、帐篷、发电机及照相器材等日常用品。最吓人的是，将三个做饭用的大煤气罐装上飞机。要知道，平时登机，小小的打火机都不让带！每个人都提心吊胆，谁也不敢碰这几个随时都可能燃爆的“炸弹”。

经过两个多小时的航行，直升机飞抵库页岛上空。俯瞰库页岛，那蓝宝石一般的海面，那海上星罗棋布的岛礁，那海浪拍打着镶着白浪的海岸，组成一幅美丽的画卷，在铺洒的阳光下散发着无穷的魅力。

据说，这里是动物的天堂，大自然赐予丰富的养分，供养着这里的野生动物：海豹，海狮，海鸟。大海里的“马哈鱼”，每年都从大海洄游到库页湖产卵。产卵后母鱼即死，鱼卵就在湖中孵化成小鱼。长大后又游回大海中，每年都这么轮回。而棕熊就在湖中浅滩处等待这些肥胖、行动缓慢的母鱼来产卵时，捕抓母鱼当美食，又养育小棕熊。所以世界各地的摄影师乐此不疲地来库页湖抓拍棕熊捕鱼的精彩镜头。

卸下行李，大部队在库页湖畔驻扎下来。一个故事让陈茂盛等人刚刚平复的心又提了起来。1996年，43岁的日本自然摄影师星野道夫就在这里遇难。当时他在帐篷里整理相机，突然一只棕熊闯入张开大口。彼时的他手持相机，作为一名专业且敬业的摄影师，他的第一反应竟然不是逃跑而是拿起相机，本能地按下快门记录了突如其来的事件——拍下了他人生的最后一张照片，最终被暴怒的棕熊给咬死。他遇袭身亡后，人们就把他埋在出事的地方。一块不规则的黑色花岗岩的墓碑，上方雕刻着他的头像和名字，周边是一片白色的野菊花，庄严肃穆。陈茂盛和他的伙伴们也到这里献花，向这位可敬的同行默哀致敬。

他们来到湖边，看到可爱又凶猛的棕熊带着小棕熊在溜达，让刚在飞机上紧张的心，全然掉到脑后。大家不约而同地赶紧准备相机，快速投入“战斗”了。

棕熊生性凶猛，大家都不敢靠得太近，而是在警戒线外拍摄，还有两名持枪的警卫一前一后保护。即使是上厕所，也需要他们保护才可以。晚上睡觉时，为了“安全”起见，帐篷周边还用电网围起来，防止棕熊偷袭。就是在这种情况下，大家还是坚持到最后，拍摄了大量棕熊捕鱼的精彩镜头。

2014年10月25日，陈茂盛应邀参加了由中国对外友好协会、中国新闻摄影学会、中国艺术摄影学会、中国企业家摄影学会联合举办的“和平万里行”，沿着第二次世界大战的线路出发采访。

在莫斯科，他们先后参观了“英雄广场”的无名英雄纪念碑和“胜利广场”的卫国战争纪念馆；在伏尔加格勒，参观了中心广场的无名烈士墓、巴甫洛夫大厦、列宁广场、斯大林格勒保卫战全景画纪念馆等景点。

▲ 陈茂盛于俄罗斯拍摄的莫斯科二战胜利广场的骑兵塑像

残垣断壁伤痕累累的巴甫洛夫大厦，是1942年斯大林格勒战役中留下不多的楼房之一，经历70多年的风雨，至今仍然耸立在伏尔加河旁。到访这座大厦时，为了更近距离去拍摄当时激烈战斗遗留下来的场景，陈茂盛不小心一脚掉进草地上遗留的弹坑里，一阵剧烈的疼痛让他直冒冷汗。出国之前，因大拇指甲沟炎，他刚做了拔除拇指甲手术，未待伤口愈合，就出发参加这次采访活动。上午受伤，刚巧让拇指再次撕裂了。陈茂盛当时也没在意，只是用创可贴暂时止了血，继续采访拍摄。不料到下午时，伤口依然流血不止，事态有些严重。同伴们将他送到附近的医院治疗，带回绑带、药品等一大堆，然而伤口并不见好转，反而不断恶化，连走路都困难了。为了不影响队友后面的行程，在同行队友的劝说下，经领导批准，只好终止后面的行程，提前回国。

未能完成全程采访拍摄任务，令陈茂盛终身遗憾。但聊可安慰的是，他的摄影作品被选入由中共中央宣传部、国家新闻出版广电总局出版的《铭记历史·珍爱和平——和平万里行影像纪实》一书内，2015年，这本书被评为纪念中国人民抗日战争暨世界反法西斯战争胜利七十周年重点出版物，并作为国家礼品送给来华的贵宾。

▲ 摄影作品入选中宣部纪念中国人民抗日战争暨世界反法西斯战争胜利七十周年重点出版物——国礼画册《铭记历史·珍爱和平——和平万里行影像纪实》

2016年6月12日，厦门市企业家摄影协会成立，陈茂盛当选为创会会长。他上任后，致力于海峡两岸文化艺术的民间交流。在他的策划和推动下，厦门市企业家摄影协会和金门县摄影家协会联合举办了“《上善大美——串门》金厦两地摄影交流展”，展览分别于2018年12月和2019年3月在两地举行。2018年10月，陈茂盛和摄友们飞抵印尼雅加达，参加巴东奔牛的拍摄活动。巴东奔牛是印尼非物质文化遗产：每年收获季节，在泥泞的稻田中举行奔牛比赛。参赛的公牛被鲜花、黄金和织物装饰着。参赛者手拽住牛尾巴或用口咬住牛尾巴，赤脚踩在一块木板上，在泥坑中滑行保持平衡，让牛在赛道上奋力奔跑拼命地往前冲，以展示牛的力量。最后，获胜的公牛将被拍卖。

这场激烈又刺激的比赛让陈茂盛收获了不少好作品。成功是要付出代价的。在拍摄中，陈茂盛在又窄又滑的田埂上追逐着赛牛者，意外的事情发生了，一不小心就摔到1米多深的沟里！他本能地转身用身体护住相机，但相机还是全部滑落，尼康200—400变焦镜头前面的遮光罩断裂。机身挫伤，自己的手臂也扭伤了，而且浑身泥水，狼狈极了。

在摄影生涯中，不可能永远都风和日丽，一帆风顺。身体受伤、器材受损已然是常态。遇到恶劣天气，怕沙粒飞入镜头，通常要把相机盖上镜头盖，关机收入相机包。为了拍下大自然变幻无常的特殊场景，摄影师往往都会逆向而为。在拍摄途中，每每遇到贵重的器材受损，他都会心疼不已。然而，看到自己终于拍到珍贵的镜头，所有的疼痛和懊恼也都烟消云散了。

2019年11月20日，在中国摄影家协会副主席李学亮、线云强、王琛的带领下，陈茂盛和28名企业家摄影协会的深圳会员，穿越古丝绸之路新疆南戈壁无人区，从新疆哈密进入戈壁大漠行驶200多公里进入“大海道”。

起源于汉代的“大海道”曾经是一条繁荣的古丝绸之路，由于地理环境极为恶劣和凶险，唐代之后其通商功能逐渐萎缩。但是，此地经过数千

▲ 陈茂盛在新疆哈密无人区大海道上

年的沧桑巨变而形成特殊的雅丹地貌，近年来一直吸引无数的探险者和摄影爱好者。

进入戈壁深处没水、没电，手机没信号。他们乘坐的都是越野车，每部车不仅要坐好几个人，还要装相机包、三脚架、行李、帐篷、睡袋、床垫、水等一大堆物资，故而十分拥挤。他们带上车用于果腹解渴的是馕、矿泉水和苹果。零下15摄氏度的极冷天气，矿泉水瓶结成冰棒，苹果更是硬得像石头，于是每天都得把苹果和矿泉水瓶放在汽车的挡风玻璃下晒太阳，这样才勉强咬得动喝得下。在荒凉凄美的新疆哈密无人区与罗布泊一带拍摄，是一件极其艰辛的“劳动”：白天啃着坚硬的“馕”充饥，夜晚躲在山脚下避风处的露天地上搭起帐篷睡觉。所谓的帐篷只是薄薄的两层尼龙布搭建的，风一吹哗哗地响，又冷又冻。这时，后勤人员会煮一锅热汤让大家暖暖身子。帐篷外，狂风呼啸，如鬼哭狼嚎，令人难以入眠。特别是清晨上露天厕所，那种砭骨刺肤的酷寒难以用言语形容。

在戈壁滩上行驶，遇到沙漠时，汽车轮就下陷，前拉后推都很难把汽车拉出。后来他们悟出一个道理：进沙漠前要把轮胎气放掉一半，等走出沙漠后，再用汽车自带打气机把轮胎的气打满继续上路……

一路非常艰辛，白天飞沙走石，石头被风吹成刀片一样锋利，眼睁不开，腿迈不动，满脸都是风尘，加上十多天没水刷牙、洗脸，返回市区时，一个个全身上下脏兮兮的，简直像土匪下山。陈茂盛的羽绒服被刮破，只好贴着胶纸，更是难堪！

尽管条件如此艰难，但陈茂盛却始终兴致勃勃，激情满怀。拍摄新疆自然风光，主要是表现地貌，大海道拥有中国最大的雅丹地貌，造物主在这里塑造了无数尊高大雄壮的雕塑作品，远远看去：有的像《格林童话》中的古城堡，有的像《指环王》中环绕半山的宫殿，有的像沙海中的庞大战舰……这些大自然的奇观，让他由衷地感叹，身上所有的病痛与疲劳都被治愈了。

事后，他对人说："只有当那瞬光，那片影从眼球直击我心灵，我才会有要按下快门的心动。怎样才能让拍摄的作品有着魔幻的味道，呈现出现实世间万物既平凡又神奇之处，但又不流露出摄影家的痕迹？当我将刹那定格为永恒的那一刻，我似乎找到了答案：这些年所走过的路，见过的人，看过的风景，都让这个答案更加清晰——摄影之路没有终点，只有起点……"

在陈茂盛四处采风创作的同时，他的作品也屡获佳绩：2014年"伊朗风情"系列摄影作品参加天津杨柳青第一届国际民俗摄影大展；"非洲红沙漠"系列摄影作品参加韩国江原道摄影展；"飞越非洲"系列摄影作品参加北京国际摄影周；在厦门中华儿女美术馆举办"陈茂盛飞越非洲摄影"个人展；摄影画册《飞越非洲》参加第十四届中国平遥国际摄影大展，荣获"凤凰卫视优秀摄影画册奖"；《苍廓——南极》《雪川天梯——北极》《银须千丈——北极》摄影作品被《中国摄影家》刊登并被题为"冰韵"的专题介绍；参加"西递·宏村杯"中国黟县摄影大展。

▲ 与巴布亚新几内亚美拉尼西亚土著合影

2015年，他的“翱翔南疆”系列摄影作品参加台北艺术摄影博览会，获“最佳风光类摄影奖”，之后参加北京国际摄影周及第十五届中国平遥国际摄影大展；“大界无疆”系列摄影作品参加第十五届大理国际影会。

这一年，陈茂盛还在深圳举办他的个展——“飞越非洲摄影展”。他的一篇题为“论航拍艺术与东方美学”的文章在《中国摄影家》发表。

这一年，中国企业家摄影学会授予陈茂盛“功勋奖”的大奖杯。

2017年，他的作品参加上海国际“郎静山摄影艺术奖”慈善摄影大赛；“哈苏行走”系列摄影作品参加丽水摄影节；“丝路情缘”系列摄影作品参加北京国际摄影周之《影像中国》中国百名企业家摄影联展，该系列摄影作品随后参加连州摄影节。

2018年，新年伊始，《人民摄影报》刊登了一篇题为“哈苏行走”的文章介绍陈茂盛及其作品。

面对接连而来的荣誉，陈茂盛无比感慨地说：“摄影是寻找自我的一种方式：多年来，从南北两极到远东静穆的堪察加，蓦然回首，那些融进我血液的，不是沙漠、冰湖、雪山、戈壁，而是历经惊险走向它们后和告别它们时留下的脚印。一次次出行累且危险，但在看到自己把美的瞬间定格成为永恒时，一切都觉得很有意义。正是这样的经历，让每一次出发都变成抵达，仿佛走得越远，离心就越近……”

▲ 2015年参与”和平万里行“大型摄影活动

看看地球

从20世纪80年代算起，陈茂盛的摄影艺术生涯已经横跨40多年了。40多年来，他的足迹走遍80多个国家和地区，拍摄了当地的风光和人文，作品系列繁多。但给人印象最深刻的，莫过于他用航拍的方式，用镜头留下地球的纹理脉络。

多年来，陈茂盛一直在思考一个问题：由于照相机的逐渐普及，摄影技法过于传统，作品同质化十分严重，从而扼杀了创作灵感，消减了摄影艺术的魅力。于是，走一条与众不同的创作道路，成了他强烈的愿望。

在拍摄自然风光时，陈茂盛总感觉到由于空间限制的关系，只能选择某个角度、某个局部。《清明上河图》《富春山居图》等中国传统山水画，用散点透视、鸟瞰式的构图手法，将山川河谷、亭台楼阁、流曲村寨等物象巨细无遗尽收眼底地全部纳入画面。这是西方素描绘画体系所无法理解的，一张纸上怎么可能表现那么多那么广的天地山川？而这种空间移动的飞跃，任景物在眼前呈现的手法，其实就是创作者在主客体里的自由换位，意识与世界相互交叉映照的一种体验。摄影要达到这样的境界，只能离开大地，寻找另一种观察角度，最好的办法就是把自己变成一只飞鸟。而变成飞鸟的唯一途径就是航拍。

2000年，陈茂盛加入深圳企业家摄影协会，认识了时任副会长、秘书长，中国著名的航拍摄影师王琛，他因此开始与航拍结缘。

目前，航拍主要分为小型飞机(直升机为主)航拍与无人机遥控航拍。由于技术的进步，无人机航拍的日益发展与普及，航拍的门槛不断降低，也使得航拍摄影这一领域不断进步拓展。但是，相比传统的小型飞机航拍，无人机航拍尚存在一定差距，比如无人机航拍器飞行的高度以及空间跨度仍受到一定限制，所携带的摄像系统设备也不能达到专业相机的水准。而小型飞机的飞行高度，空间跨度上的优势，都是无人机航拍器无法比拟的。尤其是在一些艰险的地貌，如大面积的沼泽、坎坷的山地、松软的沙漠，无人机根本无法达到起飞的条件，直升机就没有这种限制。而且，它的最大优势还在于对创作的把握与可控性，创作者可以亲临其境，时刻保持摄影师与摄影器材的在场感，这些都胜于无人机航拍器。

不过，小型飞机航拍也有它的短板，除了要克服天气、空间、运动等因素带来的操作困难，还需要具有一颗敏锐的心，因为脚下的景色稍纵即逝，所谓“过了这一村，就没这一店”，下一秒的画面可能与上一秒的画面迥异，画面效果将难尽如人意。再加上受到飞机滞空时间有限，受到寒冷、强风等高空气候突变因素影响，一趟飞行下来，也可能会颗粒无收、无功而返。这都是飞行航拍带来的挑战。

然而这也正是飞行航拍的魅力与趣味所在。东方文化艺术的高度及精髓是体现个体与世界的融入感，以及感知对距离、物我的消解，从而达到“物我两忘，天人合一”的境界。正如摄影大师阿诺德·纽曼所说的那样:“摄影师必须是影像的一部分。”对此，陈茂盛深有体会，他说:

▲ 陈茂盛在美国西部航拍

“航拍所构成的影像，是摄影者观感世界里，个人独有的程序与方式，是摄影者对世界瞬间的认知经验，并且可以融入我们东方美学独有的文化传统与艺术价值取向。”他还说：“作为摄影者，我坚持把对这个世界的认识与感悟，尽量在作品里化合为一。而这，只有乘坐直升机拍摄才能做到。”

正因为如此，陈茂盛才毫不犹豫地选择了最为危险、最为困难的航拍方式。当人们问他这样做的动机时，他答道：“我就想看看这美丽的地球。”

▲ 陈茂盛（左四）与摄影好友航拍美国西部

长期以来，摄影师采用的都是胶片。胶片以色彩绚丽、质感细腻等优点，为专业摄影师所推崇。但它的弱点也很多，一是宽容度很小，过曝或减曝都将直接影响到拍摄的质量和成败；二是胶卷价格昂贵，还要冲洗、电分，制作过程费时费力费钱；三是大陆尚没有几家能冲好，有时还得寄到台湾地区去冲洗。正因为如此，简捷便利的数码相机问世后，立即为人们所偏爱。

陈茂盛是一个完美主义者，尽管明白这些利弊，为了达到一般人到不了的秘境，收获一般人意想不到的效果，他还是毅然决然地选择了成功概率最低、安全风险最大、运作成本最高的方式：上直升机，用胶片。

直升机玻璃有一点弧度，在舱里拍，照片会变形，因此，能开窗就尽量开窗门，甚至要卸掉舱门，这样没遮没拦，效果最好。俯瞰大地高度合适的空域大约在500米至1000米，舱门一开就很危险。安全带的长度只够绑在座位上，难以自由移动，拍摄者必须用钢丝绳牢牢捆住。陈茂盛曾经在尼泊尔坐过那种很小的三角翼飞行器，发动机就在背后，四周没有玻璃罩，没有舱门，两个人绑在一块，怎么转都好拍，不受任何限制，拍的效果很好。但四周空落落的，刚开始时坐在上头，精神高度紧张，一会儿，当拍到好画面时，紧张的情绪早就抛到脑后了。

但人毕竟还是血肉之躯，眼睛睁开过久，会被高空猎猎气流吹得流泪不止。最可怕的是，乘坐三角翼飞行器时，即便戴上安全帽、穿棉大衣，全身包裹起来，在高空中只要停留两分钟，整个人就会被彻底吹透，从头到脚几乎都被冻僵了。为了便于灵活操纵快门，还不能戴手套。每次重返地面时，因为一边的脸颊被风吹得太久，即使是用巴掌打，也完全丧失了痛感。

上直升机时，陈茂盛也带上数码相机，以备不时之需。胶片机一般一卷12张或36张，但在高空换胶卷比较难，为了不漏掉美景，就直接用数码机赶快补上。

面对着寒冷的高空，瞬息变化的光线，摄影者几乎没有构图、摆拍、抓拍等自由发挥的时间和空间，要驾驭掌握好曝光值，更多的是依靠扎实的摄影基本功、丰富的拍摄经验和心灵的直觉。用陈茂盛的话说，就是“要将判断交给手指，触发快门之时，就不能再回头”。

他的航拍一般不是在空气平流层静观，而是在空气对流层完成，在颠簸升降的机体上鸟瞰大地，这样的体验，相当于在对流层里作流变的审美。尽管危险，但是有神与物游的激动和震撼。

▲ 陈茂盛（后座）乘三角翼飞机在尼泊尔航拍

航拍是镜头对地球风貌、大地艺术的检索，它可以领略到人类在地表上难以一见的大自然律动的各种脉络、肤色、肌理、纹路的独特之美，大自然袒露的壮美躯体，如同一曲曲雄伟的大地交响乐：或崎岖或巍峨、或苍莽或浩渺、或寥廓或逶迤；或浓墨重彩或惜墨如金、或疏可跑马或密不透风、或洞幽察微或通衢广大。

在摄影艺术里，航拍所构成的影像，是拍摄者观感世界里个人独有的程序与方式，是摄影者对世界瞬间的认知经验。一般的风光摄影由于视觉距离和角度，形成的画面感都是较具象写实的，而航拍摄影由于视角高度决定了成像就不是太具体的三维影像，航拍的高度和动线，能把具体形象的实景逐渐抽象化为色块和线条的构成形式，又能将抽象图案演化为具体可辨的实景。按照美的视觉效果，平面构成主要是运用点、线、面和律动组成，结构严谨，富有极强的抽象性和形式感。通过点、线、面的构成语言，把具象的景象归纳为抽象的意象；通过诗意感知的瞬间捕捉，达到幻化的抽象美学，航拍的鸟瞰式角度让大地上的景物呈现多维面貌，并由此生发出异于寻常的全新视觉感受。

陈茂盛早年绘画的经验和之后的摄影训练一直都影响着他后来的创作方向。作为风光摄影家，他习惯于客观冷静地展示现状，用地貌色彩自身的力量去表达自己对这个世界的态度。观看他的作品，会直接地感受到天之高远，海之清澈，地之深厚，伴随着浓郁的色调，简约有力的构图，那种激越人心的表达更加破图欲出。

在非洲南部海湾，陈茂盛就拍摄到了这样一张作品：陆地和海洋在长久的碰撞摩擦中形成沼泽，沼泽大半部分被赤红鲜艳的藻类覆盖，一直连接到最边缘处，那红色泼辣浓郁，几乎要倾泻而下；沼泽的另一半有郁郁葱葱的森林，河流蜿蜒穿过其中，深入沼泽的支流像是连接着心脏的动脉血管，汇入海洋的部分如同童话中人鱼消散时躯体的雪白泡沫。

这幅作品以方形构图示人，不规则的曲线以巧妙的分割让不同的色彩区域充满画面，画面充满律动，给人以视觉冲击力。

▲ 陈茂盛在非洲航拍

▲ 陈茂盛与南非飞机驾驶员合影

从非洲、中东、南北美洲再到亚洲，地球的三极之地——南极、北极、西藏，从符拉迪沃斯托克（海参崴）原始森林中捕鱼的棕熊到南极大海中漂浮的一块天鹅形状的碎冰，从印度尼西亚田间奔驰的怒牛到非洲草原上的狮群，他把自己变成了一只飞鸟，在离地500米至1000米的高度拍下了美国夏威夷绿如翡翠般的平地、纳米比亚沙漠赤红色蜿蜒如蛇的脊背、美国西部宏伟的大峡谷、耶路撒冷的千年圣殿、南非洲海岸层叠如丝绸般的海浪……

那些亘古不变的风景，被他的镜头一一捕捉，隔着千万年的光阴，就这样叩开了观者的心门。

王琛先生对陈茂盛的作品赞不绝口，在一篇文章中，他这样写道："跟着茂盛先生的镜头，你能领略到人类在地表上难得一见的大自然动线，以及各种脉络、肌理、纹路的独特之美。你能品略到大自然那袒露的壮美躯体……茂盛先生通过镜头，如'庖丁解牛'般地把现实中的景物从地表上看似凌乱而互不相关的存在中解放出来，使它们的原始新鲜感与自然物性原原本本地呈现出来，让它们'物各自然'地共存于万象之中，既有见微知著之细品，又有气象万千之大观，从而创作出一幅幅别出心裁，富有视觉张力和艺术生命的摄影精品。"

陈茂盛的母亲是出生于台北的地道台湾人，或许因为这个缘故，航拍宝岛台湾一直是他的梦想。他想起了2016年赴台湾拍摄风光时所认识的台湾著名纪录片摄影师齐柏林先生。齐先生执导的纪录片《飞阅台湾"国家公园"》，曾获得第46届休斯敦国际影展金牌奖、第47届休斯敦国际影展评审团最佳纪录片奖。他是台湾"环保导演"，其执导的纪录片《看见台湾》以不同视角高度，记录环境在人类活动下的脆弱与哀号，用温和的方式震撼了整个台湾岛。2013年，这部片子上映时，最终收获了两亿新台币票房，刷新台湾纪录片的票房纪录，并且获得当年第50届金马奖最佳纪录片奖。

2017年春，陈茂盛和时任企业家（深圳）摄影协会会长王琛等人登门拜访齐柏林先生，想借助他的关系，租用直升机和齐先生私人的先进摄影设备来航拍台湾。齐先生很节俭，一件格子衬衫穿了十几年也不舍得丢，为了拍摄稳定的画面，他居然卖掉了一套房子，购买了近3000万台币的航拍设备——一套美国产的、台湾地区唯一的摄影陀螺仪。

经双方友好协商，达成共识：具体航拍时间和事宜等候齐先生安排好，再通知。临别时，齐先生还送一套《看见台湾》的光盘给大陆同行留念。

▲ 陈茂盛航拍的各式直升机

▲ 陈茂盛在航拍中及乘坐热气球航拍系列照片

陈茂盛满怀期盼地在厦门等待通知。谁能想到，他等来的是一个噩耗：6月10日晚上，他在家收看台湾电视新闻时，一则令人难以置信的消息跳进了他的眼帘："台湾著名摄影师齐柏林先生，因拍摄《看见台湾》的续集，不幸在台湾花莲坠机遇难，同时遇难的有机师与助手三人。"

在坠机前两天，齐柏林才刚举行记者会，宣布正要拍摄《看见台湾2》。台湾多雨，只要是晴天，齐柏林就要带着7大箱设备去航拍，一拍就是七八个小时。天空中的气流很难把控，为了拍摄奇观，经常需要穿越峡谷，甚至俯冲滑翔。一般人很难适应。最令人难以置信的是，齐柏林其实天生恐高，他说："我把注意力全部放在镜头里面，不管是拍照片还是拍影片，我就是全心全意，就会忘记恐高。"在拍摄台湾的第25个年头，齐柏林将生命献给了自己最挚爱的土地。

获悉这个噩耗后，陈茂盛呆坐在沙发上，头脑一片空白……

齐柏林遇难，并没有阻挡住陈茂盛航拍的脚步，相反，这位可敬的同行的执着追求给了他不断前行的勇气和力量。

近十几年来，陈茂盛航拍过40多个国家和地区，飞行多达近百架次。这些作品问世后，得到摄影界的普遍好评，斩获颇多，可以列出一串长长的成绩单：

"不一样的美国西部"系列摄影作品参展第十六届中国平遥国际摄影大展、北京国际摄影周、第一届中国摄影家走进联合国——"自然中国"摄影作品联合国首展；"航拍非洲"系列摄影作品参加多彩贵州、第九届中国原生态国际摄影大展；"非洲纳米比亚红沙漠"系列摄影作品参展"感动与升华"第一届国际华人摄影家联展；《魔眼敛彩映碧泓》摄影作品参加第四届深圳城市艺术博览会；《大地的脊梁》《九曲戈壁滩》摄影作品和"不一样的美国西部"系列摄影作品参加连州国际摄影年展；"航拍美国西部"系列摄影作品和"中亚人文"系列摄影作品参加"上善大美"厦门&深圳企业家摄影作品联展。

2018年，陈茂盛摄影作品参加第27届奥地利特伦伯超级摄影巡回展及第17届特别专题组巡回赛；“航拍新疆”系列摄影作品参加首届“春之声”伦敦艺术邀请展；百幅摄影作品在深圳福田高铁站举办“深致”陈茂盛个人摄影艺术作品展；《信仰之光》摄影作品应邀参加台北“第三届感动与升华——国际华人摄影家联展”，并在2018年北京国际摄影周获金路奖提名奖。

2019年，《大疆无界》摄影作品参加“中国风”中国企业家优秀摄影作品俄罗斯联展；“大地纹彩”系列摄影作品参加2019北京国际摄影周&欧洲摄影节专题互换展；《航拍新疆》摄影作品参加2019首届中国长城国际摄影周；“七彩视界”系列摄影作品获第27届全国摄影艺术展览艺术类评委会推荐奖（最高奖）。同年9月27日，《中国摄影报》第八版整版刊登第27届全国摄影艺术展览评委会推荐作品艺术类组照《七彩视界》。

在谈到航拍的心得体会时，陈茂盛写道：“西晋文学家陆机《文赋》里有云：‘精骛八极，心游万仞。’意谓诗人或画家进行创作时，思想可以纵横驰骋，不受时空限制。中央美术学院也将东方儒家文化所倡导的‘尽精微、致广大’作为校训，我认为这些艺术精髓及真知灼见运用在航

▲ 左：2019年第27届全国摄影艺术展览获评委会推荐作品奖（最高奖）获奖证书
右：2019年第27届全国摄影艺术展览在山东潍坊开幕，中国文联副主席、书记处书记李前光，中国摄影家协会副主席王琛等领导参观陈茂盛作品《七彩视界》

8 中国摄影报

七彩视界

第27届全国摄影艺术展览评委会推荐作品（艺术类组照）

▲ 2019年9月27日《中国摄影报》第八版刊登《七彩视界》

拍艺术上也是非常透彻的，在航拍创作过程中，航拍者的首要任务是把现象中的景物，从地表上看似凌乱而互不相关的存在中解放出来，使它们的原始新鲜感与物性原原本本地呈现出来，让它们“物各自然”地共存于万象之中，既有见微知著之细品，又有气象万千之大观，这样拍出来的作品才有视觉张力和生命力，才能创作出让欣赏者细细研释意犹未尽的摄影精品。”

陈茂盛还写道：“航拍的鸟瞰式角度让大地上的景物呈现多维面貌，并由此生发出异于寻常的全新视觉感受。我用镜头在大地上书写色彩的诗歌，从美学的角度让观众感受‘大地的诗意’。要使创作理念和拍摄手法均得到突破，就必须在拍摄构思和画面色彩构图里下工夫，有意识地将具象与抽象融入画面，使之相结合。‘色彩鲜明，构图独特’是我追求的艺术风格；‘敬畏自然，爱护地球’是我摄影创作的核心理念。希望通过我的航拍摄影作品向观者展现大自然的鬼斧神工、地表的壮美辽阔的同时增强人们环境保护的意识，共同保护人类的家园。”

这是他航拍摄影创作的动机和理念，也是他的艺术经验之谈。

实至名归

2020年春季，当新冠疫情突袭全球时，陈茂盛刚刚卸下从新疆哈密无人区及罗布泊无人区归来的行囊。这一年，疫情改变了世界，他原先搭乘俄罗斯核动力破冰科考船前往北极点的计划只好暂时搁浅。这是十几年来难得的休息期，但是，他的心并没有安静下来，每天都在焦急地关注疫情的动态，等待可以随时重新出发的契机。

在这个不平静的年份里，陈茂盛没等到这个契机，却等来了一个又一个喜讯。

中国摄影出版社出版了陈茂盛摄影艺术作品集《点亮·大地盛影》，之后，陈茂盛应邀参加中国·张家界首届世界遗产摄影大展。

接着，更大的喜讯又紧随而来——

2020年12月20日，备受摄影界瞩目的第十三届中国摄影金像奖获奖名单在河南省三门峡市中国摄影艺术节上揭晓，陈茂盛获此殊荣。这是福建时隔11年后再次获得这项殊荣，陈茂盛也是厦门市唯一的中国摄影金像奖得主。

中国摄影金像奖是经中央批准，由中国文学艺术界联合会和中国摄影家协会联合主办的摄影领域全国性最高个人成就奖。它是中国所有摄影人毕生追逐的梦想。

全国各大媒体纷纷报道了这一消息，陈茂盛一夜之间名闻遐迩。《中国摄影报》、人民政协网、今日头条、《旅游摄影》、《福建画报》、《福建文艺界》、《厦门日报》、《厦门晚报》、《海峡导报》、《海西晚报》，以及中央电视台、福建电视台、河南电视台和厦门电视台等媒体，还分别以新闻、

B05
厦门日报
都市新闻
本报记者专访厦门首位中国摄影金像奖得主陈茂盛
厦门摄影家摘中国摄影最高奖
用"天空之眼"拍地球之美

▲《厦门日报》报道

专栏、特刊、专访等形式介绍陈茂盛和他的作品。

2021年1月24日，福州三坊七巷。灰瓦白墙的高宅大院林立，这是中国近现代舞台上风云人物出生的地方。由福建省文联主办，福建省摄影家协会、福建省海峡民间艺术馆承办的“大地诗意——陈茂盛获中国摄影金像奖作品观摩活动暨座谈会”在这里隆重举行。福建省文联、中国摄影家协会、福建省摄影家协会、厦门市文联、厦门市摄影家协会等单位领导王来文、赵党荣、张大共、潘朝阳、李世雄、杨景初等，以及基层摄影组织、各行业摄协负责人，青年摄影新锐等出席观摩活动并参加座谈会。

座谈会上，与会者在发言中高度肯定了陈茂盛在摄影艺术创作领域所取得的优异成绩。专家们指出，陈茂盛的摄影艺术作品，个性强烈，风格统一，富于气势，表现了摄影语言的独特个性及优质本色，极具感染力。这组获奖作品运用线条、肌理、色块等种种令人震撼的表现方式，展现了大地的诗情画意。

▲“大地诗意——陈茂盛获中国摄影金像奖作品观摩活动暨座谈会”在福州市三坊七巷福建省海峡民间艺术馆隆重开幕，福建省文联王来文、福建省摄影家协会潘朝阳等领导参加

▲ 左：福建省文联党组书记、书记处书记、副主席王秋梅向载誉归来的陈茂盛颁发福建省摄影家协会授予的“中国摄影金像奖”荣誉奖杯
右：福建省摄影家协会潘朝阳主席为陈茂盛颁发第七届福建摄影金像奖年度人物奖

中国摄影家协会艺术委员会委员、摄影艺术家李世雄认为：“陈茂盛的这组金像奖作品，无论是光影质感、层次透视，还是物化形态的还原程度，都不同于近年来一些只顾追求画意视觉而与摄影媒质特色渐行渐远的航拍作品。”

福建省摄影家协会副主席、摄影艺术家徐希景指出：“在大型专业性展览中，唯美画意的风景摄影已经难以获得评委的青睐，而陈茂盛的这些作品能够在第27届国展和第13届金像奖的评选中脱颖而出，就在于他在创作理念和拍摄手法上有了突破，航拍视角下具象与抽象相结合的画面，既有精到的传统摄影语言的运用，又有直接摄影的本体语言。作者用宏观视角表现出大自然相对微观的局部，作品中色彩的凝练使整组作品具有和谐统一的美感，细看之下，又不失单幅作品的丰富性。这些作品画面简洁，但作品的完成却不简单，是作者走遍世界各地，在大量的拍摄中提炼出来的，背后是艰辛的付出。”

美术评论家、福建青年杂志社副总编林公翔赞叹道：他就像大地的诗人，以超人的勇气和独特的视角，用镜头在大地上书写色彩的诗歌。

与此同时，“大地诗意——陈茂盛获中国摄影金像奖作品观摩展”在福建省海峡民间艺术馆隆重开幕。

喜讯传到厦门，很快就掀起了“大地诗意”热潮。

3月14日，厦门市文联在文联艺术馆举行了“大地诗意——陈茂盛获中国摄影金像奖作品展暨创作研讨会”。

3月18日，厦门通士达光影体验馆举行“陈茂盛获中国摄影金像奖作品展”，陈茂盛作为特邀嘉宾进行专场讲座。不久，他的金像奖作品展也先后在厦门海洋职业技术学院、厦门理工学院展出。陈茂盛还被厦门海洋职业技术学院聘为客座教授。

6月17日，《大地诗意》陈茂盛摄影作品在“艺术厦门——艺术与设计博览会”上展出。

7月28日，陈茂盛应邀在深圳市红立方公共艺术馆市民公益摄影大讲堂开讲，并展出获奖作品《大地诗意》30幅组照。

▲厦门市文联在文联艺术馆举行“大地诗意——陈茂盛获中国摄影金像奖作品展暨创作研讨会”

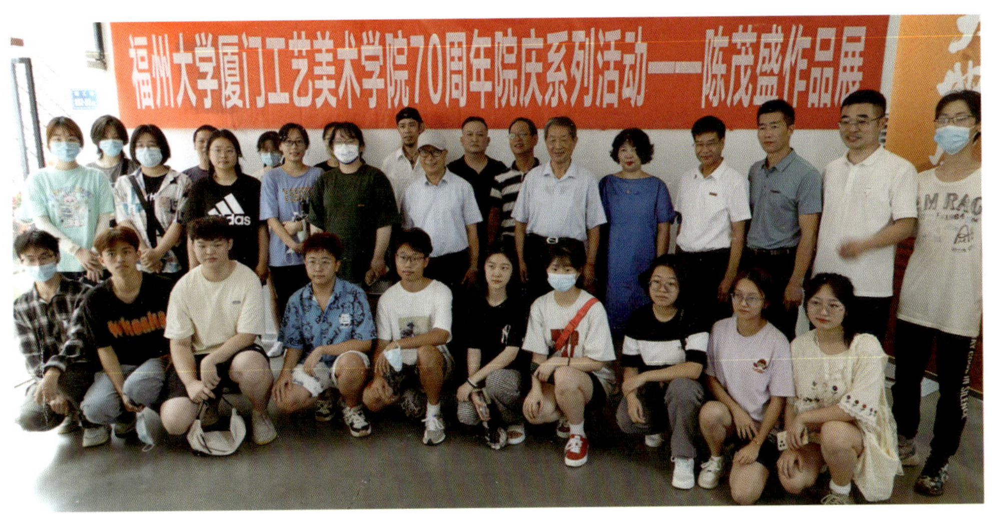

▲2022年，以中国摄影最高奖为母校庆生，陈茂盛作品展在福州大学厦门工艺美院举办，原厦门市副市长潘世建（二排右六）莅临指导

10月30日，东南卫视“海峡艺术名家”专栏播出电视专题片《陈茂盛艺术创作之路》。

时间来到2022年，这个热潮依然余波不止。3月5日，“收藏大地盛影——陈茂盛摄影艺术作品展”在厦门集美水晶湖郡的云鼎全新营销中心展出；同日，《厦门日报》赫然刊登出一篇题为“摄影‘金像奖’得主厦门开展，带来了一场湖畔视觉盛宴”的文章。

9月19日，福州大学厦门工艺美术学院70周年校庆之际，为陈茂盛在母校举行了摄影作品展。

9月30日，福州大学举行“喜迎二十大，大师进校园”活动，陈茂盛进学校进行了艺术分享，并捐赠了作品集。校方聘他为“福州大学校园文化建设艺术顾问”。国庆之际，福州大学旗山校区图书馆举办“大地盛影——中国摄影最高奖金像奖获得者陈茂盛校友作品展”。

在长年的拍摄活动中，陈茂盛和各地尤其是深圳的摄友们同甘苦、共患难，结下了深厚的友谊。中国文联全委会委员、中国摄影家协会副主席王琛在陈茂盛摄影作品集《大地盛影》一书前言中这样写道：“多年来，

▲ 上：2015年，“陈茂盛飞越非洲摄影展”深圳展
中左：2018年，“深致”陈茂盛个人摄影艺术作品展深圳福田高铁站展
中右：2018年，中国艺术摄影学会终身名誉主席杨元惺莅临中国人民大学图书馆陈茂盛摄影作品展位
下左：2019年，陈茂盛的《大地纹彩》在意大利布斯托阿西齐奥市展出。该市文化局局长曼诺拉女士，欧洲摄影节主席、意大利摄影档案馆馆长克劳迪奥先生，中国艺术摄影学会副秘书长、北京国际摄影周项目总监朱洪宇先生等嘉宾参加了展览开幕仪式
下右：2022年10月1日，为庆祝新中国成立七十三周年，福州大学图书馆举办“大地盛影”作品展。陈茂盛向陈国龙书记、付贤智校长等校领导介绍作品

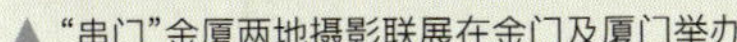
▲“串门”金厦两地摄影联展在金门及厦门举办

▲上左 ： 2021年7月28日，中国摄影金像奖获得者市民公益摄影大讲堂深圳展出

上右：2021年4月，厦门大学100周年校庆，捐赠摄影作品给厦大医学院

中左：2021年6月1日，《大地诗意》在厦门理工学院展出

中右：2021年5月7日，《大地诗意》在厦门海洋职业技术学院展览。陈茂盛被敦聘为客座教授

下：2022年11月11日被母校聘为客座教授

茂盛先生经常与我们的摄影团一起‘浪迹天涯’。他航拍了全球五大洲、四大洋。无数山川河谷、奇藩异域都一一纳入他的镜头之中。在深圳摄影圈，大家称呼茂盛先生为‘茂哥’，大家都耳熟能详，倍感亲切。我也见证了他在国内外的摄影展，以及屡次获奖的高光时刻。虽然他摄影艺术斐然，但在摄友们的心目中，他仍是那位谦卑恭良的摄影人、老大哥。”

在一次采访中，陈茂盛曾经对记者说过：“摄影之路没有终点，只有起点。”

在他的心目中，最美的照片，永远在下一张。

有人问陈茂盛：“您想拍到多少岁呢？”

他莞尔一笑，答道：“还不知道，可能要拍到走不动为止吧！”

是的，依照他的性格，只有走不动时，他才会刀枪入库，马放南山。

▲ 陈茂盛与王石、王琛切磋摄影艺术

第二辑　作品

陈茂盛的脚步遍及世界各个角落，航行在天上，却始终将镜头聚焦大地，在不间断的40年的拍摄过程中，呈现给人们在地面无法轻易看见的景观。他的每一次创作都是一次冒险，他镜头中那些于亿万年岁月变迁之中形成的地形地貌，记录的是地球的历史。他的作品，光影与色彩融为一体，画面生动，气势宏伟，震撼人心，同时具备丰富的信息与完整的空间感。

——第十三届中国摄影金像奖颁奖词

“七彩视界”系列

▲ **赤峦灵动**　非洲纳米比亚红沙丘

▲ **橙光家园** 非洲纳米比亚沙漠民居

▲ **黄沙沉舟**　非洲纳米比亚沙漠骷髅海岸

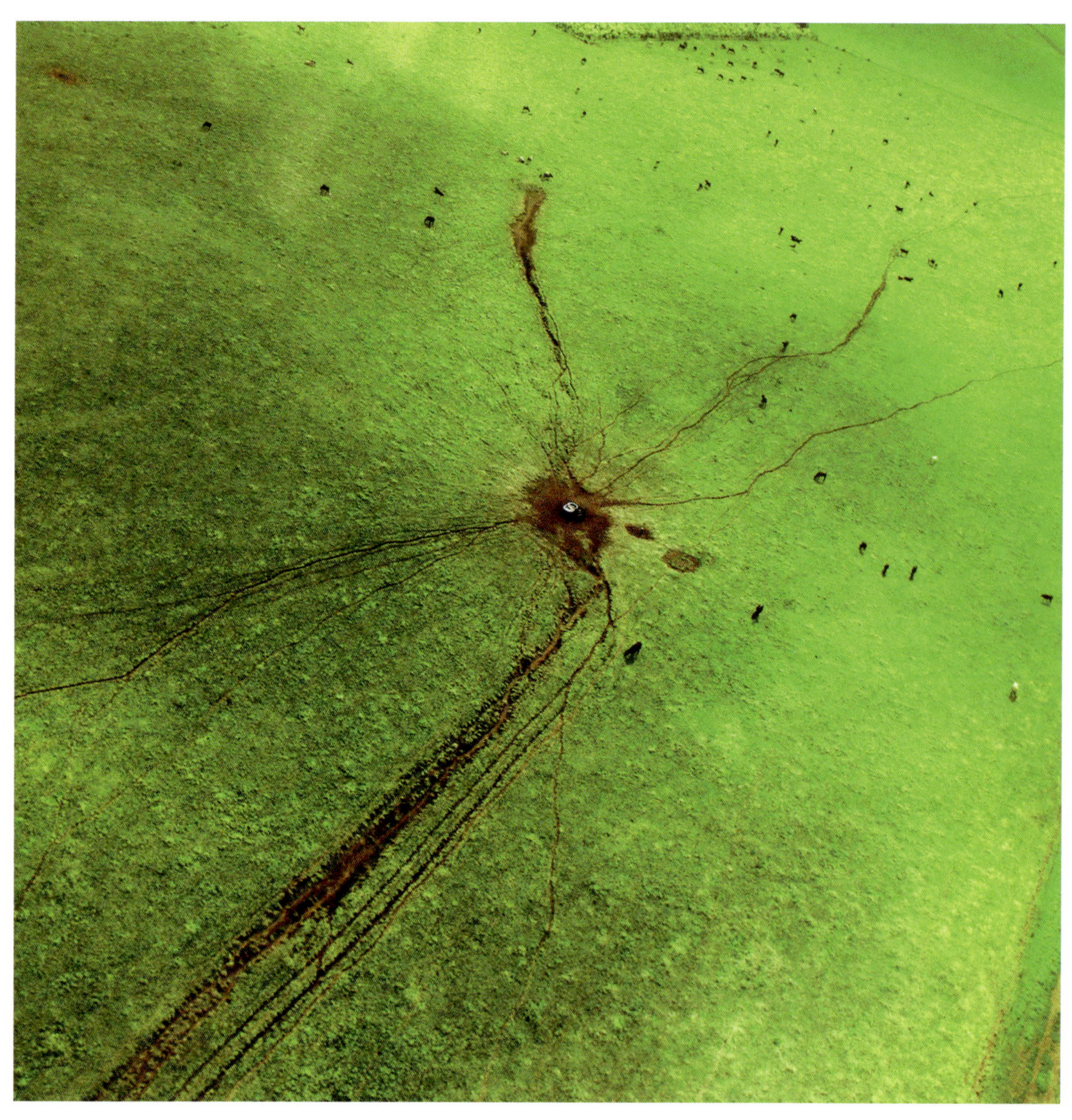

▲ **绿茵牧踪** 美国夏威夷牧场

▲ **青幔席地**　新疆安集海大峡谷

▲ **蓝潮轻浪** 南非洲海岸线

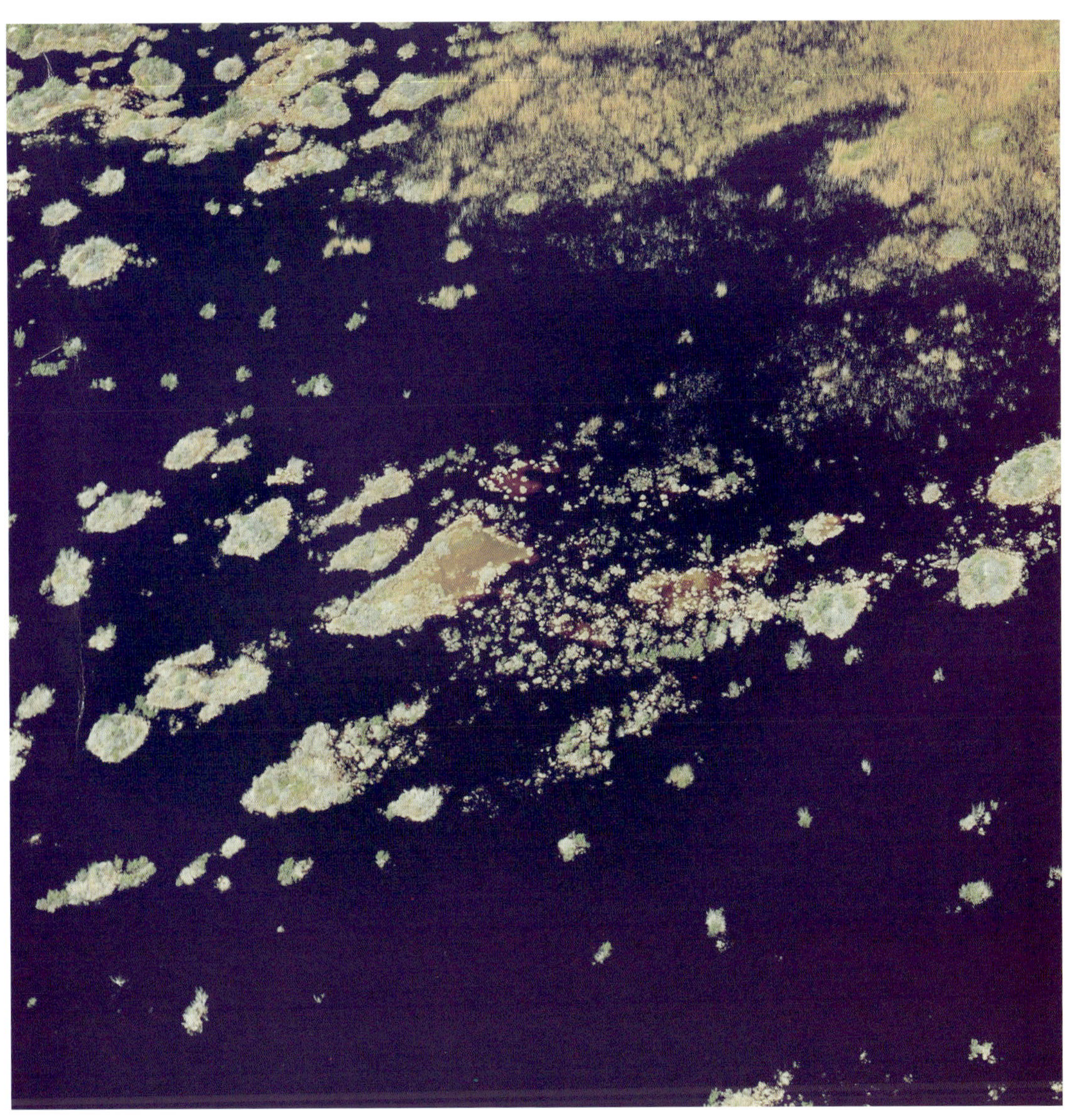

▲ **紫泽斑斓**　新疆博斯腾湖湿地

风光系列

▲ **春潮盎然黛色新** 非洲纳米比亚火烈鸟栖息地

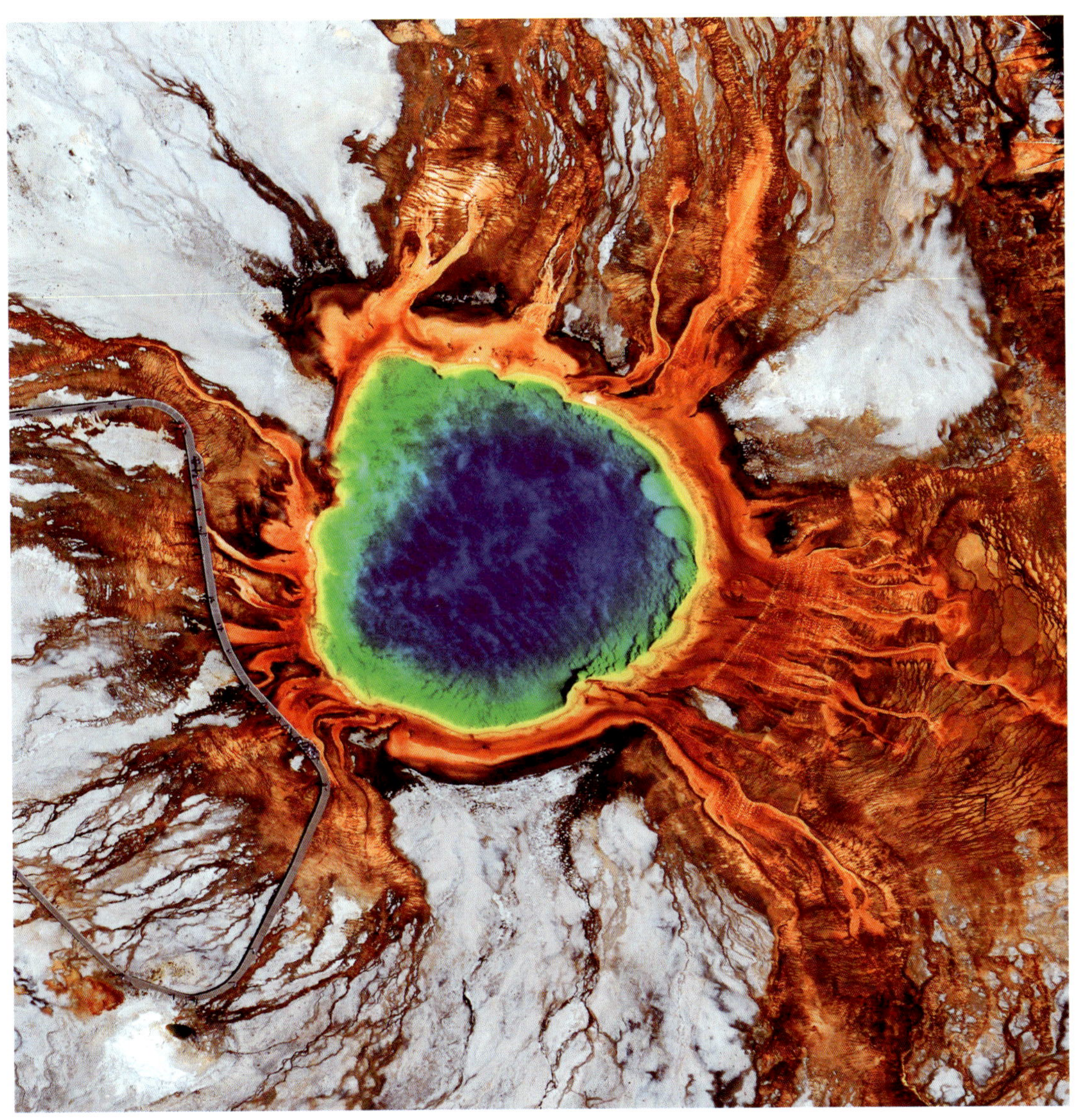

▲ **魔眼敛彩映碧泓**　美国西部黄石公园大棱镜温泉

▲ **滩涂斑驳绘油彩** 非洲纳米比亚火烈鸟栖息地

▲ **黄沙透遁天界舒** 非洲纳米比亚沙漠

▲ **冰火交淬幻彩泉** 美国西部黄石公园温泉

▲ **翠彩岩峰鳞栉奇**　美国西部拉斯维加斯峡谷火山

▲ **金沙水拍蓝湾暖** 非洲纳米比亚火烈鸟栖息地

▲ **大漠磅礴走泥丸** 非洲纳米比亚沙漠

▲ **大地如梳新犁地**　新疆柴窝堡盐湖

▲ **焕彩山川殷如霞** 美国西部拉斯维加斯峡谷火山遗址

▲ **挥毫写意浪逐沙** 非洲纳米比亚沙漠海岸

▲ **翠波苔痕上阶绿**　南非海湾

▲ **一半海水一半火焰** 非洲纳米比亚沙漠海岸

▲ **潮间湿地绚彩浓**　南非海湾

▲ **乘风破浪** 南非好望角岬角

▲ **戈壁苍茫点翠彩** 新疆博斯腾湖湿地

▲ 美国西部黄石公园梯田温泉

▲ 美国西部拉斯维加斯峡谷

▲ 非洲纳米比亚45号沙丘

▲ **沉寂的远东** 俄罗斯堪察加火山

▲ **八百里瀚海** 新疆哈密噶顺戈壁

▲ **残垣断壁**　新疆哈密大海道魔鬼城

▲ **大漠日落** 新疆哈密大海道魔鬼城

▲ **瀚海迂曲**　新疆哈密大海道魔鬼城

▲ **天山横亘断苍莽** 新疆伊犁

▲ **龙盘虎踞** 新疆喀什

▲ **来客** 南极

▲ **苍廊** 南极

▲ **极地圣堂**　南极洲唯一的教堂

▲ **冷翡翠** 南极

▲ **银须千丈** 南极

▲ **象牙之塔** 南极

▲ **冰渍洋面**　北极

▲ **风沙漫漫驼铃声** 突尼斯

▲ **河床掠影** 新疆

▲ **莽川卧龙披金盔** 非洲纳米比亚沙漠

▲ **神秘的仙女国**　非洲纳米比亚沙漠

▲ **大地裙舞** 美国西部波浪谷

▲ **老梅石槽** 中国台北

▲ **巨门矗立** 美国西部拱门国家公园

▲ **鬼斧神工黄金城**　美国西部布莱斯大峡谷

▲ **天山上的五彩乐章** 新疆伊犁安集海大峡谷

▲ **峰峦叠嶂** 新疆伊犁安集海大峡谷

▲ **基多大教堂** 厄瓜多尔古城

▲ **俯瞰圣殿山**　以色列耶路撒冷

▲ **金色穹顶**　以色列耶路撒冷

▲ **泰塔温古堡**　突尼斯

▲ **哭墙暮光**　以色列

动物系列

▲俏皮 四川雅安

▲ **神猴**　尼泊尔庙宇野猴

▲ **渔获**　俄罗斯堪察加棕熊

▲ **亲昵**　北极熊母子

▲ **觅** 南极帝企鹅

▲ **渺** 南极巴布亚企鹅

▲ **嬉**　南极巴布亚企鹅

▲ **桀骜王者** 加拉帕戈斯群岛海鬣蜥

▲ **光彩** 加拉帕戈斯群岛红石蟹

▲ **我的地盘** 南极海豹

▲ **凌波轻舞** 加拉帕戈斯群岛火烈鸟

▲ **草原长卷** 肯尼亚

▲ **饮马河畔** 肯尼亚

人文系列

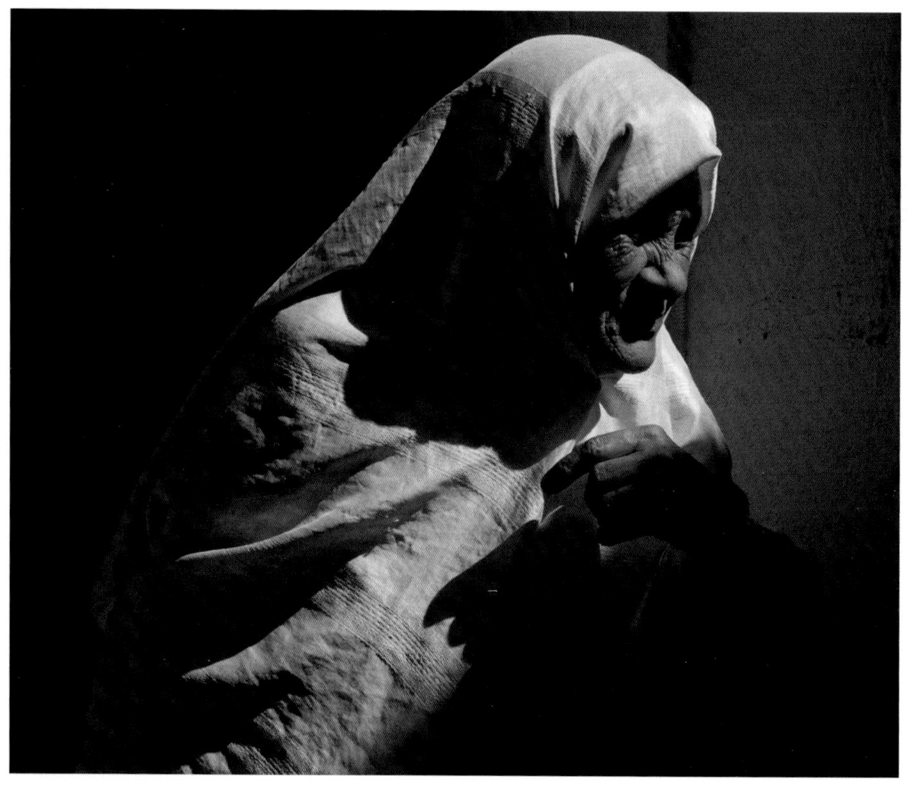

▲ **耄耋老妪** 突尼斯

▲ **抿嘴一笑** 伊朗街头的小女孩

▲ **论道**　以色列

▲ **圣城光影**　以色列

▲ **读经人** 约旦教堂

▲**凝思**　约旦汉子

▲ **腼腆女孩** 伊朗

▲ **沐光女孩** 伊朗

▲**热切之眸**　伊朗

▲ **远方的呼唤**　肯尼亚部落汉子

▲ **简陋居所** 肯尼亚

▲ **参观莫斯科卫国战争纪念馆** 俄罗斯

▲ **英雄母女**　俄罗斯

▲ **可爱的小女孩** 俄罗斯

▲ **街头小吃铺**　尼泊尔

▲ **卖鸭走贩** 孟加拉国

▲ **逃票** 孟加拉国火车即景

▲ **叠罗汉式乘坐火车** 孟加拉国火车即景

▲ **工匠精神**　孟加拉国制陶工

▲ **街市即景** 孟加拉国达卡

▲ **家人** 孟加拉国火车上

▲ **精雕细琢**　孟加拉国雕塑师

▲ **银髯公** 尼泊尔

▲ **母亲与孩子** 印度尼西亚

▲ **待嫁新娘** 印度尼西亚

▲ **美拉尼西亚土著风情**　巴布亚新几内亚

▲ **美拉尼西亚土著风情** 巴布亚新几内亚

▲ **美拉尼西亚土著风情** 巴布亚新几内亚

▲ **美拉尼西亚土著风情** 巴布亚新几内亚

▲**巴东奔牛**　印度尼西亚巴布亚

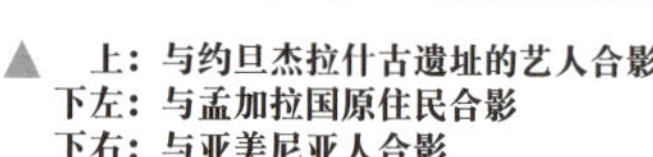

▲ 上：与约旦杰拉什古遗址的艺人合影
下左：与孟加拉国原住民合影
下右：与亚美尼亚人合影

▲ **上左：与大熊猫开怀相拥**　四川雅安
上右：在大拱门前　美国西部
中左：堪察加采风创作
中右："一带一路"途中　吉尔吉斯斯坦
下左：蒙古国采风创作—与鹰共舞
下右：孟加拉采风创作

第三辑　社会评价

摄影集《极情》序一

雕塑大师罗丹说过：“我们的生活不是缺少美,而是缺少发现。”

翻开陈茂盛先生的摄影集，你会被他独具发现美的眼光以及作品中所呈现出来的艺术魅力而折服。无论是千姿百态的冰川，还是雪巅间豁然出现一道虹彩，都是和谐灵动而生气远出的。从那虚实流变的境相中，你能体悟到宇宙万物的神韵和光彩；无论是疾驰游弋的信天翁，曲臂垂腕的企鹅，还是毛滑如漆的海豹，以及浑然忘我地亲昵的北极熊，都是大自然生生不息的生命律动。从那光影流泻、空旷渺远的画面中，你会恍惚产生亦梦亦幻的感觉………

著名摄影家筱山纪信认为摄影是“把已经存在的世界的最好的地方裁剪下来”。多年来，陈茂盛先生已经几乎走遍了世界五大洲四大洋。多少名山大川，奇风异俗，都一一收进他的镜头之中。然而，令他心心念念难以释怀的是，还没有走进极地。

一望无际的雪原，蜿蜒曲折的海岸线，鬼斧神工的地貌，诡异的天文现象，奇特的生物群落，强烈地召唤着酷爱搜奇寻美的陈茂盛先生。连续两年，他排除万难，冒着危险，矢志不渝地倾情于极地风情，并且以睿智的目光，锲而不舍执着追求的精神，独到的审美情趣和审视角度，以及精湛的摄影技艺和对美好景物的瞬间把握，引领着我们走进充满神秘的色彩和幻想空间的南北两极。

林语堂先生说：“一个人如果和自然界伟大的东西发生联系，他的心便变得伟大起来。”茂盛先生的摄影集《极情》搭建了一座伟大的桥梁，把人和自然连接起来，于是，我们可以看到情思与景物交融，热爱自然、崇尚自然的创作理念在尺幅之间流淌。

摄影集命名为“极情”，令人拍案叫绝。极情，极地之情，也是“激情”的谐音。而希腊语的“激情”即为上帝本色，那就是持久不变的爱心。茂盛先生以充满爱心，充满激情的摄影镜头，真实地记录了极地的原生状态，形象的视觉语言反映了极地的和谐之美。

置身于满目银白的丛林或旷野，感受世界的纯粹和心灵的宁静，极地那种没有丝毫杂质、纯净的雪白，让茂盛先生的心灵为之震撼并且得到净化。他说，两次极地之行，让他的心灵得到了洗礼。当看到一些冰川因为人类对环境破坏而受影响融化时，他深切地感受到保护环境的重要性。正如他在文章中所说的那样："通过这两次极地圆梦之旅，让我在领略大自然意志之磅礴的同时，也体会到大自然生态之脆弱，更意识到人类必须有维护自然生态的紧迫感，承担起保护自然生态的责任。"

了解自然，挑战自我，呼唤环保，这正是茂盛先生前往极地探险和摄影的目的。值得我们庆贺的是，这个目的他已经达到了。

吕厚民
中国摄影家协会原顾问
中华民族文化促进会原副主席

摄影集《极情》序二

极地曾是科学家、地质学家的专属地，近年来，许多摄影爱好者也踏上了那片土地，陈茂盛先生便是其中之一。为了实现这一壮举，他在短短的两年间不辞劳苦，克服严寒，历尽常人难以想象的艰辛与极限体验，先后叩访了南极和北极。他说："通过探访南北极了解自然、挑战自我，是我前往极地探险和摄影的目的。"

2010年12月，我应茂盛先生之邀，赴厦门出席他的南极摄影作品展览。这个命名为"极地叹寻"的个人摄影展，展出了作者在南极拍摄的上千幅照片中所精选出的100幅极具视觉冲击力、震撼力与想象力的倾情之作。

这次展览令我印象深刻。刚跨进展厅，立即就被迎面而来的磅礴气势所震撼。每一幅作品都占据了巨大的空间，有的作品面积甚至高达40平方米之多，堪称摄影展览之最。展览很有创意，不仅突破传统模式，而且化瞬间于永恒，融永恒入瞬间，将极地"那堆砌千万年的壮丽冰川，那奇趣多姿的极地生物，那瑰奇壮丽的地理极限、生存极限等景象"，一一呈现在每个人面前，更是令人有穿越时空、感悟生命的巨大震撼。展览的主题耐人寻味，一个"叹"字不仅道尽了极地之旅的辛苦,更是对极地奇异风光和顽强生命的由衷礼赞。

几个月之后，我得知茂盛先生又有了一次壮丽的极地之旅，这回是赴北极。之后还在很短的时间里，编出了一本题为"极情"的摄影集。捧读之余，不禁为他年岁虽高,却至今依然保持年轻时对生活、对艺术、对自然的那种激情和热情而动容。

作为资深的摄影艺术家，茂盛先生对自然风光情有独钟。他从事商业广告，主持着一家广告公司。尽管工作繁忙，但每年总会利用节假日，背上行囊,外出旅行采风。数十年来，他走遍大江南北，五洲四洋，拍摄的照片不计其数。

所谓的艺术摄影，就是人生阅历、思想境界和艺术修养的自然产物。

茂盛先生的作品气势不凡，意境深远，不仅用镜头再现了南北极冰原景致及生态，而且以极具个性的艺术影像语言，表达了人对自然环境的关注与思考，呈现出作者敬畏自然、包容万物的胸怀，对芸芸众生的悯爱之心。他的每一幅作品，都在向社会传达着一种信息，呼唤社会公众共同来关注环境保护,催人深思,发人深省。

茂盛先生为人正直、朴实，他以一颗纯粹之心去呈现纯粹之美。他学过美术，其作品自然与众不同，取景唯美，构图精美。那流畅的线条、梦幻的光影、斑斓的色彩、美妙的形态，令人流连忘返。

我于是想起罗伯特·卡帕说过一句名言：“如果你拍得不够好，是因为你靠得不够近。”

是的,靠近,不仅用身体,而且要用整个心灵。

朱宪民

中国摄影家协会原副主席

中国艺术摄影学会执行主席

摄影集《飞越非洲》前言

非洲，在多数人印象中粗犷而狂野，而茂盛的航拍作品却演绎出另一番自然的恬静，凸显出航拍的宏伟视角。这片土地占地面积约为3020万平方千米，蕴藏着太多鲜为人知的自然宝藏，而茂盛恰好用他敏锐的眼光和摄影镜头灵活捕捉了这些鲜活的画面。当我初次欣赏这些他前往非洲航拍的摄影作品时，内心惊叹不已，原来航拍非洲也可以拍出这么美、这么和谐、这么自然的画面，这是会说话的作品，也正是感动我的地方。

画面大气、宏伟，构图简洁而不简单，捕捉准确而传神，一幅幅作品将有关摄影表达的拍摄技巧和情感艺术表现得淋漓尽致，我能感觉到茂盛的摄影作品有自己的个性和态度。在我看来，航拍能够展现自然界的另一种风貌，真实而自然，当然航拍也是另一种巨大的挑战，拍摄者需要克服高空的重重困难，这也是最能体现航拍价值的地方。茂盛在很多人眼中是一位摄影家，但是，看着眼前茂盛的非洲作品集《飞越非洲》，我更愿意称他为地理学家、动物学家和人类学家。他所拍摄的画面中都展现出非洲大地的气势和宏伟张力，还透露出另一种和谐、宁静之美，“恰到好处的分寸”是摄影表达中难以把握的一个度，而茂盛却做到了，特别是此次航拍非洲的作品。通过茂盛的摄影作品，我们可以读出他的创作内心，这样的作品是有灵魂和精神的，在一张张充满着戏剧张力的非洲摄影作品中，我看到了沙漠、野生动物、绿色森林、辛巴部落，但是并不仅限于此，更多是地理、地质面貌的呈现，还有种族文化的差异性解读，还有自然与动物生存之间的故事，非洲的瑰丽多彩，表现深刻而全面。

摄影幸甚，自然幸甚，观者尤幸，看着茂盛的作品，逐渐读懂非洲的文化和历史。非洲作为人类发源地之一备受推崇，因为其土著部落文化的原始性和多样性，几百年来吸引着一批又一批的游客、人类学家、探险者前往探秘，现在又多了一行追随摄影梦的人，其中不乏心烦气躁、急功近利之人，而茂盛能够选择独特的航拍视角，从高空平静而沉着地将摄影镜头对准和谐的画面，展现野生动物悠闲姿态、自然静谧之美，在我看来真的是难能可贵。他所做的一切只是纯粹地记录这个民族的特性，展现文化的多样性，所以拍摄的画面如同他本人一样简单、纯粹。《飞越非洲》是值得细细品味的一本摄影集，航拍的画面凝聚了另一种美，独特的视角展现了更加真实的非洲。茂盛，人如其名，永远追寻旺盛之景，心中怀有一份对自然和摄影的钟爱，不知疲倦地创作摄影作品，用具有个性和态度的作品征服大家的眼球和心灵。

我现在想借用王朔的代表作《一半是海水，一半是火焰》来形容茂盛兄：一半是敬天，一半是爱人。

王石

原万科企业股份有限公司董事局主席

企业家摄影协会（深圳）资深荣誉主席、创始人之一

深圳社会组织总会会长

摄影集《大地盛影》前言

记得现代诗人于坚写过这样的一段感悟："东方艺术的本质是诗，西方艺术的本质是思。诗，是存在自然呈现的思；而思，则是对存在的侵入。"

摄影大师阿诺德•纽曼也曾经说过："摄影师必须是影像的一部分。"

陈茂盛先生创作的摄影作品就很好地印证了以上两位艺术家的表述。东方人艺术创作的主要形式讲究的是个体与世界的融入感，以及观看者的感知存在与距离上的消解，其核心概念即俗话所说的"物我两忘，天人合一"。茂盛先生出身于专业美术科班，作为一名深受东方文化长期浸润的中国摄影师，他的这种文化心理在艺术创作上潜移默化地运用，已然是娴熟于心，游刃有余。他一直保持着敏锐的东方式艺术视野与精神逸趣，并将这种艺术取向与影像创作做到高度统一。其镜头所涉，或大漠孤烟，或长河落日，或星垂平野，或月涌大江……即使是被世人遗忘的平庸角落，也能悟读出其间孤芳寂美的心境，从而达到一种精神境界上的共鸣与升华。正如他自己所述的艺术心语："摄影的本质是体现'我世界'(即摄影者精神世界)与物质世界的关系。作为摄影者，我把对世界的认识与感悟，尽量在作品里融合为一。"

品阅本画册，你会被茂盛先生发现美的眼光，以及作品中所呈现出来的艺术魅力所折服。特别是茂盛先生擅长飞行航拍，拍摄了大量令人叹为观止的航拍作品。我们摄影人都知道飞行航拍是苦活、累活，是艰辛的高空作业。作为茂盛先生多年的飞行航拍老搭档，我更是饱尝过此间的困苦劳顿。飞行航拍的摄影者要被束缚在飞翔的直升机或小飞机上，除了要克服天气、空间运动及机位角度受限等因素带来的操作困难，还必须具备一颗敏锐的心，否则脚下的景色稍纵即逝，下一秒的画面可能与上一秒的画面完全不同。飞行航拍是对地球风貌、大地艺术的快速检索，往往俯拾即是，不取诸邻……但摄影师完全是被动者，基本上很难能完全依靠"思"来进行创作(如刻意构图、伺机抓拍)，而更多的是需要依靠"感"来进行创作(让情与景交融，由内心的体验触发快门)。再加上受到时间与天气变化等客观因素限制，所谓“过了这一村，就没了这一店”，一趟飞行下来也可能会颗粒无收，无功而返，这都是航拍者必须面临的挑战。

跟着茂盛先生的镜头，你能领略到人类在地表上难得一见的大自然动线，以及各种脉络、肌理、纹路的独特之美。你能品略到大自然那袒露的壮美躯体，如一曲曲雄伟的大地交响乐、谐律的鸣奏曲，或崎岖，或巍峨，或苍莽，或浩渺，或寥廓，或逶迤；或浓墨重彩，或惜墨如金；或疏可跑马，或密不透风；或洞幽察微，或通衢广陌……茂盛先生通过镜头，如“庖丁解牛”般地把现实中的景物从地表上看似凌乱而互不相关的存在中解放出来，使它们的原始新鲜感与自然物性原原本本地呈现出来，让它们“物各自然”地共存于万象之中，既有见微知著之细品，又有气象万千之大观，从而创作出一幅幅别出心裁、富有视觉张力和艺术生命力的摄影精品。

多年来，茂盛先生经常与我们的摄影团一起“浪迹天涯”。他航拍了全球的五大洲、四大洋。无数山川河谷、奇藩异域都一一纳入他的镜头之中。在深圳摄影圈，大家称呼茂盛先生为“茂哥”，一提起“茂哥”，大家都耳熟能详，倍感亲切。我也见证了他在国内外的好几场摄影展，以及屡次获奖的“高光时刻”。虽然他摄影艺术成就斐然，但在摄友们的心目中，他仍是那位谦卑恭良、热心好学的摄影人、老大哥。今天我捧阅茂盛先生这本有分量的摄影集，感觉这既是一份丰厚沉淀，又是一份勋章记录。

《大地盛影》诚如其名——茂盛大地，丰盛光影。这是艺术人生的繁华收获，是视觉艺术的魅力盛宴。

王琛
中国文联全国委员会委员
中国摄影家协会副主席
2020.3

第四辑　附录

大事年表

1944年	8月8日，出生于福建省厦门市。
1951年（7岁）	厦门市思明小学（第六中心小学）就读。
1956年（12岁）	厦门市第六中学就读。在校时参加美术兴趣小组，得到水彩画家郑静老师的悉心培养。中学毕业后，被保送就读福建工艺美专（福州大学厦门工艺美术学院前身）中专部。
1959年（15岁）	福建工艺美专（福州大学厦门工艺美术学院前身）群众美术科（工艺绘画科）就读。
1963年（19岁）	毕业分配至厦门市百货公司任美工设计，主要负责商场设计及橱窗陈列布置。
1969年（25岁）	2月25日，与官佩芳结婚。
1970年（26岁）	大女儿陈慧倩出生。
1973年（29岁）	二女儿陈慧颖出生。
1974年（30岁）	父亲陈明握去世。
1983年（39岁）	筹备创办厦门市商业广告公司。
1984年（40岁）	厦门市商业广告公司成立，先后出任副总经理、总经理。

1989年（45岁） 加入中国民主同盟会。

1991年（47岁） 2月，美国PACE大学广告专业结业。
组织策划代理发布了一系列大陆广告在《自立晚报》《自立早报》《中国时报》《联合报》《商业周刊》等台湾地区的平面媒体上。厦门市商业广告公司成为全国首家把大陆广告代理到台湾媒介的广告公司。

1993年（49岁） 5月，移居香港。之后回厦任太平洋(厦门)广告有限公司总经理。

1995年（51岁） 任厦门市博美广告有限公司总经理。

1995年（51岁） 全家移居香港。

1996年（52岁） 在江西摄影采风，捐款给当地希望小学。

1999年（55岁） 与厦门市政府协调办和厦门工商局领导赴北京，到国家工商总局广告司、中国广告协会去争取第八届中国广告节在厦举办。

2001年（57岁） 厦门博美公司与香港李嘉诚先生的和记黄埔旗下的香港TOM集团合资成立厦门市唐码博美广告有限公司，任董事长。

2002年（58岁） 鉴于为新疆阜康市的教育、卫生事业做出的突出贡献，获阜康市人民政府授予的“阜康市荣誉市民”称号。

2005年（61岁） 外孙女李心悦出生。

2006年（62岁） 代表中国广告协会出访埃及参加第三世界广告大会。

2007年（63岁） 以中国企业家代表身份参加中哥经贸论坛，访问美国、秘鲁、哥斯达黎加等国，并受到胡锦涛等国家领导人的接见。因捐助多项希望工程项目，被厦门鹭风报社授予“爱心大使”荣誉奖牌。

2008年（64岁） 外孙李心博出生。

2009年（65岁） 获评“影响中国广告业年度人物”。在吉林摄影采风期间捐资予当地乡镇筑路。

2010年（66岁） 2月，赴南极摄影采风；12月，在厦门市文化艺术中心举办“极地叹寻——陈茂盛南极摄影展”大型个展。

2011年（67岁） 6月，赴北极摄影采风；8月，赴肯尼亚摄影采风；11月，赴泰国摄影采风。“穿越南北极”系列摄影作品参加第十一届中国平遥国际摄影大展，获“自然类优秀摄影师奖”。“穿越南北极”系列摄影作品参加第三届大理国际影会，获“国际评委会特别奖”。

2012年（68岁） 摄影画册《极情》参加第十二届中国平遥国际摄影大展，获“凤凰卫视优秀摄影画册奖”。“极情”系列摄影作品参加2012台北摄影节，获“最佳摄影师奖”。
捐赠摄影著作《极情》给厦门市图书馆和福州大学厦门工艺美术学院图书馆。

2013年（69岁） 1月，赴新加坡、马来西亚摄影采风；4月，赴西非、南非摄影采风；9月，赴伊朗、土耳其摄影采风。“美丽迷人的南部非洲”系列摄影作品参加第五届大理国际影会，获“国际评委会特别奖”；“飞越好望角”系列摄影作品参加第十三届中国平遥国际摄影大展，获“优秀摄影师奖”。“飞越好望角”系列摄影作品参加台北摄影节，获“最佳展览奖”。鉴于对中国广告业国际交流合作贡献突出，获“IAA（国际广告协会）中国分会终身荣誉会员”称号。

2014年（70岁） 7月，赴青海文都大寺捐佛；8月，赴金门摄影采风；9月，赴伊朗摄影采风；12月，赴日本摄影采风。10月25日，赴俄罗斯参加中国对外友好协会、中国新闻摄影学会、中国艺术摄影学会、中国企业家摄影学会在中国人民抗日战争暨世界反法西斯战争胜利70周年之际组织的“和平万里行”活动。“非洲红沙漠”系列摄影作品参加韩国江原道摄影展。在厦门中华儿女美术馆举办“陈茂盛飞越非洲摄影”个人展。摄影画册《飞越非洲》参加第十四届中国平遥国际摄影大展，荣获“凤凰卫视优秀摄影画册奖”，作品捐赠给海南省希望工程。摄影著作《极情》捐赠给新加坡国立大学图书馆。捐赠摄影著作《飞越非洲》给厦门市图书馆。捐赠摄影著作《极情》给时任挪威驻广州总领事奥斯本先生。

12月，母亲谢珍碧去世。

2015年（71岁） 1月，赴日本、孟加拉国摄影采风；6月，赴亚美尼亚摄影采风；9月，赴美国黄石公园摄影采风。“翱翔南疆”系列摄影作品参加台北艺术摄影博览会，获“最佳风光类摄影奖”。在深圳举办“陈茂盛飞越非洲摄影展”。“翱翔南疆”系列摄影作品参加第十五届中国平遥国际摄影大展，获“优秀摄影师奖”。摄影作品入选中宣部纪念中国人民抗日战争暨世界反法西斯战争胜利七十周年重点出版物——国礼画册《铭记历史·珍爱和平——和平万里行影像纪实》。中国企业家摄影学会授予“功勋奖”。捐赠摄影著作《极情》和《飞越非洲》各五十册给厦门大学图书馆。捐赠摄影著作《极情》和《飞越非洲》给厦门市第六中学图书馆。捐赠摄影著作《极情》和《飞越非洲》给厦门福利院图书室。捐赠摄影作品《苍茫》给中国人民大学图书馆。捐赠摄影著作《极情》给时任巴西驻广州总领事乔西·维森特·雷萨先生。捐赠摄影著作《极情》给阿根廷驻广州总领馆、智利驻广州总领馆等。

2016年（72岁）　2月，赴欧洲、摩洛哥、爱沙尼亚摄影采风；8月，赴俄罗斯堪察加摄影采风。“不一样的美国西部”系列摄影作品参展第十六届中国平遥国际摄影大展，荣获“优秀摄影师奖”。6月12日，厦门市企业家摄影协会成立，任创会会长。与洪卜仁先生合作主编的《厦门老报刊广告》正式出版。捐赠摄影著作《极情》和《飞越非洲》各十册给中国人民大学图书馆。捐赠摄影作品《伊朗热切之眸》给中国人民大学图书馆。

2017年（73岁）　4月，赴以色列、巴勒斯坦、约旦摄影采风；9月，从新疆赴哈萨克斯坦、吉尔吉斯斯坦、塔吉克斯坦摄影采风；10月，赴巴布亚新几内亚摄影采风；12月，赴北美洲、墨西哥湾、巴哈马、美国迈哈密、尼泊尔摄影采风。捐赠摄影作品《读经》给中国人民大学图书馆。摄影作品《南极——正在消融的的冰天鹅》参加2017在线慈善拍活动，作品拍卖所得款项捐赠给中华思源工程扶贫基金会和芭莎公益慈善基金会。

2018年（74岁） 1月，赴南美洲、厄瓜多尔、加拉帕戈斯摄影采风；10月，赴印尼、巴布亚摄影采风；12月，去金门摄影采风。摄影作品参加第27届奥地利特伦伯超级摄影巡回展及第17届特别专题组巡回赛。“航拍新疆”系列摄影作品参加首届“春之声”伦敦艺术邀请展。百幅摄影作品在深圳福田高铁站举办“深致”陈茂盛个人摄影艺术作品展。《信仰之光》摄影作品应邀参加台北第三届“感动与升华——国际华人摄影家联展”。北京国际摄影周获金路奖提名奖。率厦门市企业家摄影协会会员去金门，与金门县摄影家协会联合组稿策划《上善大美——串门》金厦两地摄影交流展。

2019年（75岁） 4月，赴土耳其、伊朗、伊拉克摄影采风；5月，赴台湾岛摄影采风；10月，赴突尼斯摄影采风；11月，经哈密、南戈壁，赴罗布泊无人区摄影采风。《大疆无界》摄影作品参加“中国风”中国企业家优秀摄影作品俄罗斯联展。“大地纹彩”系列摄影作品参加2019北京国际摄影周&欧洲摄影节专题互换展。“七彩视界”系列摄影作品获第27届全国摄影艺术展览艺术类评委会推荐奖（最高奖）。9月27日，《中国摄影报》第八版整版刊登第27届全国摄影艺术展览评委会推荐作品艺术类组照《七彩视界》。捐赠摄影著作给影上书房。策划组织《上善大美——串门》厦金两地摄影交流展在厦门鼓浪屿开展。

2020年（76岁） 由中国摄影出版社出版著作“点亮——100名企业家摄影艺术丛书”之《大地盛影——陈茂盛摄影艺术作品集》。12月20日，摄影作品《大地诗意》系列组照获第十三届中国摄影金像奖。这是福建省摄影界时隔十一年再次获得中国摄影最高殊荣，也是厦门市首位获此殊荣的摄影人。在厦门大学建校100周年、厦门大学医学院建院25周年之际，捐赠人民币30万元整襄助厦门大学设立“唐码博美——厦门大学医学院优秀教师基金”。捐赠收藏艺术级别作品给厦门弘爱医院。

2021年（77岁）　荣获第七届福建摄影金像奖——年度人物奖。1月，“大地诗意——陈茂盛获中国摄影金像奖作品观摩展”在福建省海峡民间艺术馆隆重开幕。3月14日，庆祝中国共产党成立100周年“大地诗意——陈茂盛获中国摄影金像奖作品展暨创作研讨会”在厦门市文联艺术馆展览。厦门市唐码博美广告有限公司举办2021“唐码博美”杯关爱残疾人全国摄影大展，用影像传递最美中国梦。5月7日，庆祝中国共产党成立100周年“大地诗意——陈茂盛获中国摄影金像奖作品展暨创作研讨会”在厦门海洋职业技术学院展览。被聘为该院客座教授。6月1日，庆祝中国共产党成立100周年“大地诗意——陈茂盛获中国摄影金像奖作品观摩展”在厦门理工学院展览。10月30日，东南卫视“海峡艺术名家”栏目播放电视专题片《第十三届“中国摄影金像奖”获得者陈茂盛艺术创作之路》。捐赠摄影著作《极情》《飞越非洲》和《大地盛影》给厦门海洋职业技术学院图书馆。捐赠获奖摄影作品一幅给厦门海洋职业技术学院。捐赠摄影著作《极情》《飞越非洲》和《大地盛影》给厦门理工学院图书馆。捐赠获奖的摄影作品一幅给厦门大学医学院。

2022年（78岁）　9月19日，陈茂盛作品展在母校福州大学厦门工艺美术学院七十周年校庆系列活动中开展。捐赠摄影著作《飞越非洲》和《大地盛影》给厦门工艺美术学院图书馆。9月30

日，“陈茂盛作品展”在福州大学“喜迎二十大，大师进校园”活动中隆重开展。捐赠摄影著作《极情》《飞越非洲》和《大地盛影》给福州大学图书馆。11月11日，在福州大学厦门工艺美术学院七十周年校庆之日，捐资为母校庆生，并赠获金像奖的摄影作品一幅。被聘为该院“客座教授”。